AF300435

HENRI V

EST

L'HOMME DU DROIT,

LE ROI LÉGITIME,

PAR A. CUINET.

<table>
<tr><td>PARIS,</td><td>BESANÇON,</td></tr>
<tr><td>HATON, LIBRAIRE,
Rue Bonaparte, 33.</td><td>EN VENTE
CHEZ LES PRINCIPAUX LIBRAIRES.</td></tr>
</table>

1873.

HENRI V

EST

L'HOMME DU DROIT,

LE ROI LÉGITIME,

PAR A. CUINET.

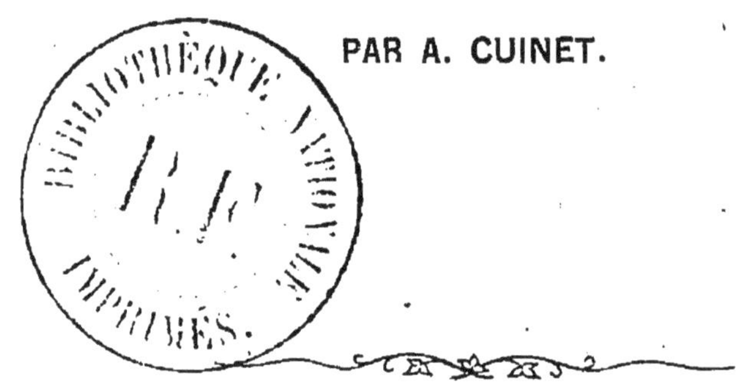

PARIS,	BESANÇON,
HATON, LIBRAIRE,	EN VENTE
Rue Bonaparte, 33.	CHEZ LES PRINCIPAUX LIBRAIRES.

1873.

PROLOGUE.

Vive le Roi ! vive Henri de Bourbon !.... C'est le sauveur préparé par la Providence pour finir nos malheurs, pour nous rendre le sourire du Ciel, les bénédictions du Seigneur, la prospérité, le bonheur.

Vive le Roi ! Ce cri a réjoui, électrisé la France en 1814 et 1815, au retour des Bourbons, et en 1820, à la naissance de Dieudonné : qu'il enivre aujourd'hui tous les cœurs !

Vive le Roi ! c'est le cri du ralliement. Que les divisions s'apaisent, que les partis se rapprochent et s'unissent pour n'en former qu'un seul ; que tous les Français, unis entre eux comme sont unis maintenant tous les princes de la famille royale, redisent dans un admirable concert ce cri béni des cieux : Vive le Roi !

Vive le Roi ! c'est le cri du salut et de la victoire. La France, unie, compacte, n'ayant plus qu'un seul cri : *Dieu et le Roi !* peut triompher de tous les dangers, dominer le monde et redevenir la reine des nations. La France sans son Roi n'est plus qu'une reine découronnée, affaiblie, abaissée ; mais avec lui elle reprend son rang dominateur, elle se revêt de sa force et de sa gloire, elle ceint la couronne de l'honneur et ressaisit le sceptre du commandement.

Aussi voyez, déjà nos ennemis frémissent et tremblent, et nos rivaux pâlissent de crainte au seul bruit de ce nom vainqueur. Répétons donc dans un saint enthousiasme, dans un sublime élan de joie, d'espérance et d'amour, ce cri sauveur : Vive le Roi !

Vive le Roi ! vive Henri de France ! l'espoir, le salut de la patrie, le libérateur si longtemps attendu, le roi légitime.

Homme du droit, il rendra à la France ce don précieux ; il la relèvera de ses ruines et la conduira à ses hautes destinées.

Fils de saint Louis, enfant de l'Eglise, il saura protéger, défendre, consoler et réjouir sa mère.

Ami et père du peuple, il régnera avec douceur et amour au milieu de ses enfants chéris pour les combler de biens et les conduire au bonheur.

Vive le Roi ! vive Henri V ! Son cœur l'entraîne vers nous ; que les nôtres l'appellent et s'élancent au-devant de lui,..... et hâtons son retour par ce cri mille fois répété d'un bout de la France à l'autre : Vive le Roi !

CHAPITRE Ier.

HENRI V EST L'HOMME DU DROIT, LE ROI LÉGITIME.

Homme du droit, roi légitime. Oh! qu'il est doux de prononcer ces deux mots, depuis si longtemps bannis des cœurs, exilés du langage. Il semble qu'on se trouve dans un monde nouveau, qu'on entre dans une ère nouvelle. Déjà on respire un air plus doux et plus pur, présage de meilleurs jours. Le baume de l'espérance descend au fond des cœurs blessés, attristés, pour en cicatriser les plaies vives et saignantes. On sent que la patrie, déchirée, agonisante, va renaître et sortir rajeunie et glorieuse de ses ruines fumantes encore.

Pauvre France! dans quel état elle a été, dans quel état elle est encore aujourd'hui, hélas! Elle est tombée, ô douleur! ô mystère! dans un abîme dont l'œil consterné ne saurait sonder la profondeur. Envahie, vaincue, dévastée, elle porte aux yeux des nations étonnées le poids bien lourd d'un châtiment terrible et d'une immense humiliation. Et, pour comble de douleurs et d'opprobres, elle s'est vue déchirée, ensanglantée de la main de ses propres enfants, en présence de ses ennemis se riant de sa défaite et de sa honte, se réjouissant de son abaissement, qui fait leur sécurité, dévorant avec une insatiable avidité sa propre substance et cherchant à anéantir ce qui reste de force et de vie en elle.

On est frappé de stupeur quand on pense à ce désastre sans nom, sans précédent, sans mesure. Les yeux se remplissent de larmes et le cœur saigne quand on contemple tant de douleurs unies à tant d'ignominies.

La France est-elle donc humiliée à jamais ? A-t-elle à jamais perdu son prestige et sa gloire, et sa couronne de reine des nations est-elle pour toujours tombée de son front déshonoré ?

Non, non, il y a en elle tant de bien, tant d'âmes qui prient et se dévouent, elle compte tant d'héroïques sacrifices, tant de victimes innocentes, qu'elle est assurée de la miséricorde du Seigneur et d'un meilleur avenir.

Non, non, je le répète, la France ne doit pas périr ; elle reverra des jours heureux et prospères et reprendra son rang dominateur dans le monde.

Pour cela, que faut-il ?

Il faut d'abord qu'elle revienne à Dieu, qu'elle revienne à la foi chrétienne, qu'elle fasse revivre au milieu d'elle la divine charité, qui seule peut former un peuple de frères et donner à la patrie des fils dévoués.

Il faut aussi qu'elle revienne à la foi politique, qu'elle rétablisse en elle le droit du pouvoir, sans lequel nul autre ne peut exister ; qu'elle reprenne la monarchie légitime héréditaire en l'acclamant dans celui qui en est le représentant et que Dieu a gardé jusqu'ici avec soin et amour pour qu'il vienne, aux jours de l'épreuve et du malheur, lui rendre la paix et la félicité.

Henri V a dit lui-même : *Sachons reconnaître que l'abandon des principes est la vraie cause de nos désastres.*

M. le comte de Maistre, ce profond penseur, avait dit longtemps avant lui : *Tant que la France ne reviendra pas aux principes religieux et politiques, la révolution durera toujours, et personne n'a le droit de dire : C'est fini.*

Le retour donc à ces principes salutaires, voilà le remède, le seul remède à nos maux.

On commence à le comprendre maintenant : les esprits droits et éclairés par les événements sentent qu'il n'y a rien de stable hors de là, et que pour rétablir la société sur de solides bases il faut faire revivre les sentiments religieux et puis revenir au principe de la légitimité, qui, en établissant la stabilité du pouvoir, fait la force et la prospérité des nations.

Aussi partout la foi chrétienne se réveille, le monde catholique s'ébranle. De toutes parts on accourt aux sanctuaires du Dieu sauveur et de la Mère des miséricordes pour y chercher le salut; on regarde et on interroge le Ciel avec confiance ; on espère, on sent que Dieu va intervenir, on attend qu'il parle et agisse.

Le même mouvement se fait, le même courant s'établit vers la monarchie. Déjà on prononce le nom du Roi sans crainte, on le prononce même avec confiance et amour ; on le désire, on l'appelle, on sent que le salut est en lui et que sa main puissante peut seule nous tirer de l'abîme affreux où la révolution et nos discordes nous ont plongés. On regarde de tous côtés pour voir s'il vient et pour l'acclamer dès qu'il paraîtra, et un jour, demain peut-être — on peut le prédire sans crainte de se tromper — la France, instruite par tant de malheurs, lassée de tant d'essais infructueux, va se jeter de nouveau et avec enthousiasme dans les bras du droit et chercher son repos et son salut dans ce principe sauveur des nations, comme le vaisseau battu par la tempête cherche un abri dans le port.

Fidèle à ses traditions qu'on voulait lui faire renier, elle redemande aujourd'hui et acclamera demain son Roi légitime, le digne rejeton de cette maison de Bourbon si grande et si illustre, qui a régné si longtemps et si glorieusement sur elle, qui, pour emprunter le magnifique langage d'un des plus grands orateurs des temps modernes (1), « a lutté cent ans pour
» chasser de notre patrie l'invasion anglaise, qui l'a pré-
» servée trois fois de l'invasion allemande en armant la
» jeunesse de Philippe-Auguste, la témérité de Fran-
» çois Ier et le royal désespoir de Louis XIV ; cette mai-
» son qui a réuni à l'ombre de son sceptre paternel les
» Flamands, les Bretons, les Provençaux, les Comtois,
» les Alsaciens, et qui, de tant de langues et de tant de
» peuples, a su faire la langue de Corneille et le peuple
» de Louis le Grand ; cette maison qui, dans les jours
» où l'on accusait son déclin, nous a donné la Lorraine
» et la Corse, et qui, la veille même de sa chute, nous
» léguait, comme par testament, en Afrique une colonie,
» à Alger une grande ville et dans la Méditerranée un
» lac français. »

O France, que tu es sage et noble aujourd'hui !

Qu'ils sont beaux, tes premiers pas dans la voie du retour !

O France, que de larmes j'ai versées sur ton malheur !

(1) M. Besson, supérieur du collége catholique, *Oraison funèbre des anciens élèves du collége* morts au service de la France.

Que j'ai plaint ton aveuglement passé ! mais que je t'aime en ce jour !

On te disait républicaine, révolutionnaire, mais on t'a calomniée.

Les méchants n'ont pu te faire oublier le droit et la justice ni te détacher de tes rois légitimes, de cette dynastie chérie que Dieu t'avait donnée pour ta gloire et ton bonheur....

Que tu en sois à jamais bénie !

. . . .

La France a vraiment un merveilleux instinct de conservation, qui se retrouve dans toutes les crises qu'elle a traversées. Les révolutionnaires le savent : c'est pourquoi ils ont tout employé, ruses, mensonges, calomnies, promesses, menaces, violences, pour le déraciner de son cœur, et la France a résisté à tout.... Son histoire est là pour la venger de ses détracteurs. Les années 1814 et 1815 sont inscrites dans ses annales comme des plus heureuses. Elle retrouvait son roi, son prince légitime, et avec lui le droit, l'ordre, la paix, la sécurité pour l'avenir.

Aussi, quelle ivresse dans les cœurs ! quel enthousiasme partout ! « Pendant plusieurs jours, dit M. Véron [1], Paris fut en délire ; sous les fenêtres du château des Tuileries, tous les soirs s'organisaient des chants et des danses, signe de la joie universelle.... Les princes se montraient partout, et partout ils étaient bien accueillis. »

Eh bien ! voici une seconde restauration non moins heureuse que la première. La merveille s'opère sous l'œil

____

(1) *Mémoires d'un Bourgeois de Paris*, tome Ier, page 226.

et par la main de Dieu. Qu'ainsi les mêmes sentiments nous animent, que nos cris de joie et d'allégresse montent jusqu'au ciel, jusqu'à Dieu, et que nos chants de triomphe et d'amoureuse ivresse deviennent l'hymne funèbre de la révolution à jamais vaincue !

En 1815, elle a reçu un rude coup ; mais, rusée et méchante, elle a vu et compris d'où venait sa défaite, et elle a juré d'anéantir son vainqueur. Pour cela, elle s'attache furieuse aux flancs de la maison de Bourbon, qu'elle regarde comme son ennemie, et, espérant l'anéantir d'un seul coup, elle va plonger son poignard dans le cœur de celui qui en était alors l'espérance et la gloire, Monseigneur le duc de Berry, prince accompli et si grand en vertus qu'imitant le Sauveur du monde, il demande en mourant pardon pour son assassin et offre son sang pour le salut de la France.

Après cet audacieux forfait, la révolution se croit triomphante, et déjà elle se prépare à régner. Mais le Ciel a trompé son attente. Un heureux fruit de cette victime innocente se prépare dans le secret de Dieu au sanctuaire béni et fécondé par la vertu d'en haut.... Il y mûrit abrité et gardé par la Providence, et au jour marqué, le 29 septembre 1820, le Seigneur, toujours bon et miséricordieux, le montre, le donne à la France. La France entière, heureuse, enivrée, l'accueille avec un cri d'une ineffable joie et d'un indicible amour.

C'est Dieudonné ! c'est Dieudonné ! redisent partout mille et mille voix.... On comprend que c'est le Ciel qui l'envoie, que tout est merveilleux, providentiel, dans sa conservation, dans sa naissance, et qu'il sera un jour le salut de la patrie....

Un sauveur nous est né, s'écrie-t-on de toutes parts,

réjouissons-nous ! Qui n'a pas vu la France alors n'a rien vu. Dès que le canon a annoncé cette grande nouvelle, une joie inexprimable s'empare de tous les cœurs ; c'est un élan, une ivresse, un délire impossibles à décrire.

Eh bien ! son retour est comme une seconde naissance, plus précieuse encore que la première, et qui doit faire éclater en nous les mêmes sentiments. Ce n'est point un enfant qui nous est donné, mais un homme fait, mais un prince accompli, un prince instruit, mûri, fortifié par le malheur, un prince grand par le cœur et par l'intelligence, qui a fait l'admiration des peuples et des rois partout où l'exil lui a fait porter ses pas, qui a fait surtout l'admiration et le bonheur des Français qui l'ont visité ; un prince qui aime la France, qui l'a étudiée, qui la connaît, qui, dans les longs jours de son exil, a toujours eu les regards fixés sur elle, suivant d'un œil attentif la marche des événements, le mouvement des esprits, pour apprécier plus sûrement les personnes et les choses ; qui, comme il le dit lui-même, *a sérieusement approfondi toutes les questions qui intéressent son avenir et qui s'est occupé avec soin de tout ce qui peut contribuer à son bonheur, à sa gloire et à sa prospérité* (1) ; un prince, en un mot, dont toutes les pensées, les désirs, les sentiments, les paroles et les actions, ont été pour la France, qui a vécu pour elle plutôt que pour lui, qui est disposé à se dévouer, à se sacrifier pour cette chère patrie, et qui est prêt à accomplir les grands devoirs que la Providence lui impose aujourd'hui. Pour nous en con-

----

(1) Lettres à M. le colonel d'Esclaires, 28 septembre 1844, et à M. le vicomte de Saint-Priest, 22 janvier 1848.

vaincre, écoutons ses paroles : « Je me tiens prêt à tout
» ce que la Providence peut ordonner de moi. Quoi
» qu'il arrive, j'aurai mon plan, mes résolutions, mes
» mesures arrêtées, et, le moment venu, je serai à mon
» poste, bien décidé à me sacrifier tout entier pour la
» France (1). »

Ainsi, tu le vois, ô France, ce prince a tout appris,
tout prévu ; il est disposé à tout, préparé à tout....
Ce prince connaît tes douleurs, il vient les guérir ; il
comprend tes besoins, tes désirs, il vient les satis-
faire.

Le monstre révolutionnaire a dévoré ses ancêtres et tes
plus nobles enfants ; il vient le combattre, le détruire et
t'arracher à sa dent meurtrière ; il vient te rendre grande,
forte, heureuse et respectée. C'est là sa mission providentielle et il est prêt pour la remplir. Il apporte avec lui
le remède aux maux passés et le gage du bonheur futur.
Ce remède, ce gage, c'est le droit, le droit héréditaire ré-
sultant du consentement de la nation librement donné et
fortifié par une possession de dix siècles, c'est le principe
de la légitimité, principe divin descendu du Ciel pour le
salut des peuples, principe sauveur qui établit la stabilité
des trônes et la paix des nations, qui soustrait le pouvoir
à l'ardeur de la convoitise, aux projets de l'ambition, qui
l'élève au-dessus des désirs et des trames des partis, qui
le transporte au sein de Dieu, d'où il découle, et qui le
rend sacré — sacré pour le prince qui, le regardant
comme un don du Ciel et comme un dépôt dont il devra
rendre compte, le possède et l'exerce non pour lui, mais
pour le peuple, non dans son intérêt, mais dans l'intérêt

(1) Lettre à M. de Corcelles, 28 février 1852.

de ses sujets, et n'en trahit jamais les devoirs ; — sacré pour le peuple qui, dans la personne du prince, voyant Dieu plutôt que l'homme ; qui, dans l'autorité royale, voyant le pouvoir de Dieu plutôt que le pouvoir de l'homme, l'aime, le respecte, le défend et s'y soumet avec joie et amour, parce qu'il sait qu'en obéissant au Roi il obéit à Dieu.

C'est ce principe qui fait la force des nations en affermissant le pouvoir et rendant plus étroite l'union du souverain avec le peuple et du peuple avec le souverain. C'est ce principe qui fait que le trône n'est jamais vacant, que l'on peut dire : Mort le Roi, vive le Roi ! et qui par là éloigne et rend impossibles les changements, les bouleversements dont nous avons eu tant à souffrir depuis que nous en sommes séparés.

Tous les peuples éclairés, tous les hommes supérieurs en ont compris la valeur. En Europe, en France en particulier, tout ce qui pense et réfléchit s'en rapproche et s'y rattache comme le pilote à l'ancre du salut.

Il avait été donné à notre siècle aveugle et révolutionnaire de le méconnaître, de l'attaquer, de le repousser. Mais comme il en a été puni !.... Que de malheurs ! que de sang répandu ! que de ruines sont là pour servir d'exemples ! Par quelles mains avons-nous passé, grand Dieu !.... Quand on pense aux horreurs de 1793, à la surprise funeste de 1830, au drame lugubre de 1848, aux désastres sans nom de 1870, on frémit encore de terreur ; on comprend quelle a été notre folie d'abandonner ce salutaire principe, quel a été le crime de ceux qui ont trompé et corrompu les esprits en France pour les entraîner dans une autre voie. Car qu'est devenue cette belle France sous les coups mille fois répétés de la révo-

lution depuis quatre-vingts ans ? Cet astre si brillant ne
s'est-il pas comme éclipsé ? N'a-t-il pas en ces temps
malheureux perdu sa lumière et sa beauté ?

Ah ! si aujourd'hui nous sommes guéris, les moyens,
hélas ! ont été rudes et la leçon terrible ; mais le résul-
tat sera heureux si nous devenons désormais plus
vigilants, plus fidèles, et si nous savons mieux garder
notre trésor.

Ainsi donc, réjouissons-nous ; bientôt nos maux seront passés. L'avenir apparaît sous les plus belles couleurs ; nous allons rentrer dans le droit, retrouver un
Roi, le Roi légitime. Le voici !.... Il vient à nous le
cœur et les bras ouverts, le sourire sur les lèvres, des
larmes de joie et d'amour dans les yeux.... Venez, venez,
prince magnanime, sauveur si longtemps attendu, don
du Ciel, espoir de la France ; venez renouer cette longue
chaîne de rois qui lui ont donné tant de siècles de gloire
et de prospérité ; venez monter sur le trône qu'ont
illustré vos aïeux, sur ce trône qui vous appartient à
tant de titres ; venez régner sur la France par la grâce
de Dieu qui vous envoie et par le droit de votre naissance, droit établi et proclamé par nos pères et qu'ils
nous ont laissé comme le plus précieux héritage ; venez
régner sur nous par vos bienfaits et votre amour, et votre
règne sera un règne heureux entre tous.

Sous votre aimable symbole, sous votre glorieux drapeau, tout va renaître, grandir et prospérer. La France
reprendra son rang parmi les nations, elle redeviendra
la première entre toutes par l'union désormais éternelle
entre le peuple et le roi, par l'amour mutuel de tous ses
enfants, par la pratique des vertus sociales, par le véritable progrès, par une ascension rapide vers le faîte de la

prospérité. L'autorité et la liberté seront comme deux sœurs amies qui se soutiendront mutuellement : l'autorité sera forte, mais douce et bienfaisante, et se fera aimer et bénir ; la liberté, délivrée des entraves que lui ont imposées ceux qui l'invoquent pour mieux l'enchaîner et l'asservir, se montrera partout rajeunie, souriante, et, comme une aimable bienfaitrice, répandra sous ses pas la paix et la vie.

O temps béni du Ciel, heureux ceux qui te verront ! heureux ceux qui te connaîtront ! Heureux moi-même qui en vois briller l'aurore ! Je verrai content mes dernières années et je mourrai en paix, car mes yeux auront vu mon sauveur et mon Roi, le salut, la gloire de la France.

O France, reconnais, bénis, adore ton libérateur, tombe à ses genoux, ou plutôt jette-toi dans ses bras et va réchauffer ton cœur sur son cœur brûlant d'amour pour toi !

Tu as cherché le repos partout, tu ne l'as trouvé nulle part. Comme un enfant égaré, tu ne le trouveras que dans le sein de ton père ; lui seul te donnera ce que nul autre n'a pu te donner, la paix, la sécurité, le bonheur. Oui, remonte aux sources de tes malheurs et dis-moi :

Que t'a donné 93 ?

— Du sang, des larmes, des ruines.

— Que t'a donné le premier empire ?

— Des guerres désastreuses qui ont ruiné tes finances, dévoré tes enfants, resserré tes limites et qui ont failli te faire rayer du rang des nations.

— Que t'a donné 1830 ?

— L'inquiétude au dedans, l'abaissement au dehors, puis une prospérité factice que le moindre vent a emportée avec l'établissement nouveau, parce qu'il n'était point fondé sur le roc des anciens principes, mais sur le sable mouvant des institutions modernes. Il y avait pourtant un roi sage et éclairé, des princes dévoués, des ministres habiles ; mais le principe faisait défaut, la base manquait à l'édifice, et tout s'est écroulé au moment où l'on y pensait le moins.

— Que t'a donné 48 ?

— Des discordes sanglantes, des impôts exorbitants, la ruine de l'industrie et du commerce.

— Que t'a donné le second empire ?

— Des guerres inutiles et ruineuses, des charges nouvelles, le despotisme sous le nom de liberté, puis l'invasion, la dévastation, la ruine et un désastre comme l'histoire n'en connaît point.

Ah ! si tu avais été fidèle à la dynastie choisie de Dieu pour te mener à tes destinées, fidèle au principe de la légitimité, qui est le plus sûr garant de l'ordre, de la paix publique, de la stabilité des Etats, et sans lequel un royaume n'est plus qu'un vaisseau sans boussole, sans gouvernail, qui peut se briser et sombrer au premier écueil, que de malheurs et de crimes de moins dans tes annales !.... Tu n'aurais point répandu tant de larmes, tu n'aurais point perdu les douceurs de la paix, l'éclat de ta gloire, le sceptre du commandement.

Mais viens reprendre tous ces biens, viens les recevoir de la main de celui dont les aïeux ont tout fait pour toi.... Oui, tu le sais, remonte à l'origine de ta gloire, interroge ton histoire et dis-moi :

Qui t'a fait si belle et si grande ?

— Les Bourbons (1).

(1) Philippe le Bel a réuni et donné à la France la Champagne et le

— Et qu'ont fait pour toi en comparaison tous tes fiers dominateurs ?

Que te reste-t-il des conquêtes du premier empire et des guerres du second ?

Qui t'a arrachée aux mains de tes ennemis ?

— Les Bourbons.

— Qui t'a rendue si heureuse, si prospère au dedans et si forte, si glorieuse, si respectée au dehors ?

— Les Bourbons.

— Qui t'a faite la reine des nations, la fille aînée de l'Eglise ?

— Les Bourbons.

Ne peux-tu pas dire de cette famille providentielle ce que Salomon disait de la sagesse : *Tous les biens me sont venus avec elle ?*

Cette famille s'était identifiée à toi, elle avait uni sa destinée à la tienne, elle t'avait légué son nom, sa gloire, ses vertus, sa fortune (1), son avenir, et, malheureuse ! tu as perdu, hélas ! ce bel héritage. Ah ! viens le ressaisir aujourd'hui, car c'est là ton seul vrai bien, ton plus précieux trésor.

Elle avait fait un contrat avec toi, et ce contrat, ô crime ! ô malheur ! sans motifs, sans jugement, par la plus criante des injustices, tu l'as déchiré, peuple fran-

---

Lyonnais ; Philippe VI, le Dauphiné ; Charles V, le Poitou, l'Aunis, la Saintonge et l'Angoumois ; Charles VII, la Guyenne ; Louis XI, la Picardie et la Bourgogne, l'Anjou et la Provence ; François Ier, le Bourbonnais, l'Auvergne et la Marche ; Henri III, le Maine ; Henri IV, le Limousin, la Gascogne et le comté de Foix ; Louis XIV, le Roussillon, l'Artois, la Flandre, la Franche-Comté, l'Alsace ; Louis XV, la Corse ; Charles X, l'Algérie.

(1) Henri IV apporta lui seul au domaine de l'Etat des biens patrimoniaux pour plus de 16 millions de revenu.

çais !... Et puis (faut-il accuser ta faiblesse ou ton malheur ?) tu l'as abandonnée, cette famille, aux mains de ses ennemis; tu as laissé couler sur l'échafaud, ô forfait ! ô douleur ! le sang du plus noble de ses enfants, du meilleur des rois; tu l'as laissée elle-même deux fois manger le pain amer de l'exil et chercher un abri chez les nations étrangères, étonnées d'un si profond malheur et indignées de tant d'ingratitude. C'est ici, il est vrai, l'œuvre de la révolution plutôt que la tienne ; c'est sa main criminelle qui a brisé un acte d'alliance de dix siècles ; c'est son bras sanguinaire qui a répandu le sang innocent et abreuvé d'amertume tant de nobles cœurs. Toi, tu as gémi et pleuré. Mais pourtant c'est à toi à réparer cette iniquité, cette injustice. Ah ! comprends du moins aujourd'hui ce qu'il te faut de respect, d'affection et de dévouement pour payer tant d'outrages !

Viens donc en ces jours heureux, ô France, viens, joyeuse, palpitante de bonheur et d'amour, renouer ton pacte, renouveler ton alliance avec elle et jurer de nouveau fidélité à ton Roi légitime. Reviens à lui comme il revient à toi ; redonne-lui ton cœur comme il te donne le sien, et que ces deux cœurs, à jamais unis par la confiance et l'affection, ne forment plus qu'un seul cœur sur lequel soient écrits en caractères indélébiles ces mots si beaux et si doux qui seront désormais ta devise et ta règle : Union, Amour, Fidélité.

Que l'Europe entière connaisse cet acte réparateur, qu'elle apprenne tes serments nouveaux et qu'elle sache bien que rien, dans la suite, ne pourra te séparer de ton Roi légitime ni du principe de la légitimité qui fait ta force en consacrant son droit. Elle en sera heureuse pour toi, heureuse pour elle-même ; elle y verra un gage pour sa propre sécurité, car quand le trône de France est debout, tous les trônes sont affermis ; quand il chancelle et tombe, tous sont ébranlés. La France est la clef de voûte de l'édifice social et la colonne sur laquelle repose l'ordre européen. Aussi M. de Chateaubriand écrivait-il en 1830 ces paroles mémorables : « Cette famille (des Bourbons), héritière de mille années, a laissé par sa retraite » un vide immense. On le sent partout. Elle a ébranlé » l'Europe dans sa chute (1). » Et celles-ci, non moins dignes d'être citées : « La puissance de la légitimité était » si prodigieuse, que lorsqu'elle s'est retirée, la base sociale a fui et le monde politique a tremblé (2). »

Que la révolution elle-même connaisse tes sentiments, et qu'en te voyant aujourd'hui si joyeuse, si ardente, si sincèrement royaliste, si dévouée, si unie, elle comprenne que son règne est fini et renonce à jamais à ses projets criminels.

Et désormais il n'y aura plus de divisions, plus de partis, il n'y aura plus que des Français, des royalistes aimant leur Roi comme ils en seront aimés.

Animée de ces beaux sentiments, parée de grâce et d'amour comme une épouse ornée et préparée pour plaire à son époux, alors, ô France, tu apparaîtras belle, gracieuse, aimable, aux yeux de ton prince, aux yeux de Henri V, et tu entendras sortir de son cœur ce cri touchant qui ira jusqu'au tien pour l'embraser davantage encore : O France, je t'aime !

Oh ! oui, il aime la France ! Il l'a aimée jeune enfant, alors que la France lui souriait et qu'il souriait

---

(1) Tome XXIX, art. 1er, page 25.
(2) Id., art. 3, page 104.

joyeux à la France ; il l'a aimée dans l'exil, alors que la France semblait le méconnaître et le repousser.

Il l'aime, il l'aimera surtout comme Roi, et la France saura ce que c'est que d'être gouvernée par un Roi qui l'aime, un roi dont l'affection pour ses sujets dirige toutes les actions et dont toute l'ambition est de donner à son peuple le bonheur et la liberté.

Le bonheur, tous ceux qui demandent à régner le promettent. Mais qui le donne, si ce n'est celui que son droit et sa naissance rendent nécessairement ami et père du peuple ?

La liberté, idole du jour, qui peut la donner, si ce n'est un roi légitime ? Celui qui arrive au trône par le hasard des révolutions ou par le triomphe d'un parti ne sera jamais qu'un despote ou un tyran, parce que n'ayant pas le droit pour lui, il n'a plus que la force, et l'emploi de la force conduit toujours à la confiscation de la liberté. Nous l'avons appris à nos dépens ; car, on s'en souvient encore, quelle affreuse tyrannie sous Robespierre ! quel rude despotisme sous le premier empire, et quelle pression administrative, pour ne rien dire de plus, sous le second !

Cela est donc bien constaté, celui qui arrive aux pavois du pouvoir poussé par le flot révolutionnaire ou qui s'élève par son audace ne règne pas en père, mais il commande en maître, avec force, et jamais avec douceur. Alors on n'obéit pas avec amour, comme des enfants, on subit la loi par nécessité, comme des esclaves. Il y a ainsi une désaffection, un tiraillement, un malaise dans l'Etat, qui aboutissent toujours à des catastrophes.

Le Roi légitime, au contraire, est nécessairement ami

de la liberté, parce qu'il est ami du peuple, et seul, répétons-le, il peut la donner large et entière dans les limites assignées par la raison et la sagesse, car, guidé par son droit, il n'a plus besoin de la force. Son pouvoir, inattaquable et inattaqué, se soutient par lui-même, et, sûr de son existence, il est sans défiance et il devient doux et léger. Alors, plus d'ombrages, plus d'entraves de la part de l'autorité, mais la confiance et l'abandon. Le Roi n'est plus qu'un père au milieu de ses enfants ; il aime son peuple, il s'incline amoureusement jusqu'à lui, on peut dire qu'il le sert plutôt qu'il ne le commande. Le peuple, de son côté, aime son Roi, et il lui obéit non avec crainte, mais avec joie et amour. Ainsi tout est dans l'union et dans la paix, et on respire à l'aise avec le parfum de l'amour l'air pur de la liberté.

Qui l'a mieux éprouvé que la France? Qui ne se rappelle quelle douce et sage liberté, contrastant avec le despotisme du premier empire, existait sous la Restauration? C'est ce qui a fait dire à Chateaubriand : « Les » quinze années de la Restauration sont les plus libres » dont aient jamais joui les Français depuis le commencement de leurs annales (1).

Le même Chateaubriand, défendant la royauté légitime, s'écriait en 1831 : « Henri V est le garant de nos » franchises. Il porte en lui, par l'ancienne volonté nationale introduite dans ses veines et mêlée à son sang, » la vertu de donner à nos libertés une durée salutaire (2). »

Heureux donc un peuple qui a un roi légitime ! La

_____

(1) Tome XXIX, art. 1er, page 14.
(2) Id., art. 3, page 109.

légitimité, avec l'hérédité du pouvoir, est le plus beau don de Dieu et le plus grand bien d'un pays. Attaquer ce principe, le détruire, c'est un crime de lèse-nation. Malheur à ceux qui chercheraient à le détruire encore ! Malheur à toi, ô France, si tu laissais de nouveau ce trésor s'échapper de tes mains ! C'est le prince lui-même qui t'en avertit par les paroles suivantes ; écoute :

« Hors de la monarchie héréditaire, il n'y a ni repos
» ni grandeur pour le pays, condamné par une nécessité
» fatale à passer incessamment de la licence à l'oppres-
» sion, de l'anarchie au despotisme... C'est uniquement
» à l'ombre du principe tutélaire de la royauté tradition-
» nelle que peut se réaliser l'alliance si désirée d'une
» autorité forte et d'une sage liberté [1]. »

Tous les hommes de fortune ou de hasard en ont eux-mêmes compris la valeur. Car à peine sont-ils parvenus en le foulant aux pieds, qu'ils le rétablissent en leur faveur. Mais l'hérédité ne se décrète pas ; ce sont les années qui la donnent et qui en font la force. C'est ce qui a fait dire au grand Napoléon ce mot d'un sens profond : *Que ne suis-je mon petit-fils !*

Ce vaste génie, accablé par le retour offensif de l'Europe, ne s'est-il pas écrié, après sa défaite, rendant ainsi hommage au principe dont nous parlons : *Un Bourbon s'en relèverait !* Oui, un Bourbon s'en serait relevé, comme 1815 le prouve, car un pouvoir légitime héréditaire ne meurt point : il survit à toutes les tempêtes, à tous les désastres.

Heureux donc encore une fois un peuple qui jouit d'un

<hr>

[1] Lettre à M. de Corcelles, 28 février 1852.

tel bien ! Heureuse la France, qui va retrouver et posséder ce droit sacré, agrandi, fortifié par une jouissance de dix siècles !

Ah ! sachons aussi en comprendre désormais la valeur et restons-y attachés à jamais. Notre patrie, assise à l'ombre de ce droit tutélaire, vivra tranquille, forte, respectée, prospère ; car ce droit, j'aime à le répéter, est la vie des nations : sans lui, elles agonisent et meurent dans les angoisses et les horreurs des révolutions. C'est le bonheur, la gloire, le salut des peuples. Toutes les fois qu'on s'en sépare, on tombe dans le trouble et l'anarchie : nous l'avons vu en 1793, en 1830 et en 1848, trois dates de triste mémoire.

Mais, dès qu'on y revient, on retrouve le repos et la paix. Nous l'avons vu en 1815 : alors, tout était anéanti, ordre, armée, finances, etc...

Le roi légitime reparaît, et aussitôt l'ordre renaît, l'armée se reforme, les finances se rétablissent, et tout se répare comme par enchantement. On paie les frais de la guerre, on indemnise ceux dont les biens ont été pillés ou vendus, on donne du pain aux exilés et aux malheureux, et tout cela en peu d'années, non-seulement sans augmenter les impôts, mais en les diminuant sensiblement ; non-seulement sans recourir à l'emprunt, mais en allégeant considérablement la dette publique (1). Avec son roi, la France renaît, la France grandit à vue d'œil, et bientôt elle étonne par sa force et sa puissance ceux qui croyaient à sa ruine et qui ignoraient tout ce qu'il y a de vie en elle.

Ecoutons encore ici Chateaubriand, qui ne peut être

____

(1) La Restauration a diminué la dette publique de 527 millions.

suspect dans une telle cause. En parlant de la Restauration, il s'écrie : « Ces quinze années de la Restauration
» n'ont pas été sans éclat. Elles ont laissé pour monu-
» ments de beaux édifices, des statues, des canaux, de
» nouveaux quartiers dans Paris, des halles, des quais,
» des aqueducs, des établissements sans nombre, une
» marine militaire recréée, une vaillante colonie dans
» le repaire des anciens pirates, que l'Europe entière,
» pendant quinze siècles, n'avait pu détruire, un crédit
» public immense, une prospérité industrielle dont l'état
» florissant ne peut mieux s'attester que par la banque-
» route générale et l'effrayante ruine de nos manufac-
» tures et de nos places de commerce après l'établisse-
» ment de la monarchie de Juillet (1). »

Et ailleurs il dit encore : « La légitimité avait du
» sang dans les veines. Elle osa aller de la Bidassoa à
» Cadix, malgré l'Angleterre ; elle arma, combattit et
» vainquit en faveur de la Grèce et s'empara d'Alger, sous
» le canon de Malte, et déclara qu'elle ne rendrait cette
» possession que quand et comment il lui plairait (2). »

Ainsi, comme le prouvent ces citations et comme le confirment l'histoire et le souvenir des hommes de cette époque, la France alors parvint en peu de temps au plus haut faîte de la prospérité et de la gloire, et put sans crainte défier les nations voisines et rivales.

Il en sera de même cette fois encore, nous le voyons déjà. Tout était détruit, tout est restauré ; tout était perdu, tout est retrouvé... Le Roi revient, tout revient avec lui...

(1) Tome XXIX, art. 18, page 14.
(2) Id., id., page 16.

Et la France, déposant son manteau de deuil, essuyant ses larmes, revêtant sa plus riche parure, reprenant son joyeux sourire, va monter rapidement au sommet de la prospérité et de la gloire et atteindre à des hauteurs où elle n'est jamais parvenue.

Un astre radieux et vivifiant s'est levé sur elle, et cet astre sera toujours dans tout son éclat, dans toute sa splendeur, comme le soleil en son midi. Cet astre béni, c'est Henri Dieudonné, à qui soient honneur, gloire, amour, à jamais !

CHAPITRE II.

La France, effrayée, frémissante, a entendu, il y a quatre-vingts ans, ce mot tombé des lèvres du Seigneur : *Fils de saint Louis, montez au ciel !*

A ce cri, ce fils saint du plus saint des Rois a pris son vol vers les régions célestes : il est entré dans l'éternelle patrie. Là, assis sur un trône plus brillant que tous les trônes de la terre, il veille avec saint Louis sur la France, il prie pour la France. A l'exemple du Sauveur, il intercède pour ses bourreaux, il offre continuellement son sang pour le salut de tous. Et ce sang innocent et pur a purifié, fécondé le sol de la patrie et fait germer de nouveau les lis. Cette fleur si belle, cachée depuis longtemps, va reparaître à nos yeux...

Salut, ô fleur bénie, emblème de l'innocence, gage du bonheur ! Lève ton front royal, brille de tout ton éclat sur ta tige rajeunie ; viens, par ta candeur, charmer nos regards et embaumer nos cœurs de tes doux parfums.

Fils de saint Louis, montez au ciel ! O parole sublime, parole mystérieuse, si triste et si douce à la fois, je t'aime !... Je t'aime, car c'est toi qui as enfanté cette autre parole non moins belle qui tombe aujourd'hui du ciel et qui retentit dans la France entière : « *Fils de saint Louis, revenez...* revenez prendre possession de votre domaine, monter sur le trône que vous ont légué vos aïeux, et gouverner la France par la main et le cœur de Dieu même. »

A cette voix, saint Louis tressaille de joie sur son trône au ciel. Envoyé par le Seigneur, il descend radieux près de ce cher fils; il le prend par la main et l'amène au milieu de nous... Regarde, ô France, vois-tu ce prince qui vient à toi souriant du sourire de l'amour? C'est ton Roi, c'est le fils de saint Louis. Vois-tu cet ange de bonté qui l'accompagne? Ce sera la mère de tes pauvres.

Entends-tu cette douce invitation de saint Louis lui-même : *Reçois-le, ô France toujours chérie, avec joie, avec amour et reconnaissance; c'est mon fils bien-aimé, c'est l'envoyé de Dieu, c'est le sauveur préparé par la Providence pour finir tes malheurs et te donner le repos.*

O France, ô ma patrie, laisse-toi toucher par ces paroles si tendres. Ouvre vite à ton Roi et tes bras et ton cœur; presse-le sur ton sein palpitant d'amour, et qu'il y règne, qu'il y repose à jamais pour son bonheur et pour le tien.

N'est-il pas temps pour toi de revenir aux sources bénies de la félicité ? N'est-il pas temps pour lui d'essuyer ses larmes, de goûter les douceurs de la patrie, de revoir les splendeurs du trône?

Et vous, prince si bon, si aimable, revenez..., revenez sans crainte : nos bras, nos cœurs vous sont ouverts. Venez nous rendre la paix, et avec la paix les bénédictions de Dieu. Venez continuer l'œuvre de saint Louis, interrompue depuis si longtemps pour notre malheur.

Depuis que votre aïeul Louis XVI, cette noble et sainte victime, est monté au ciel, le ciel s'est refermé sur lui... Dieu lui a donné un autre trône, une autre couronne, et lui a dit : « Règne ici avec moi, parce que tu m'as fait régner avec toi sur la terre aux jours de ta puissance ; » puis il a traité ses persécuteurs comme il traite toujours les bourreaux de ses martyrs. Nous savons ce qu'ils sont devenus...

Mais nous avons porté le poids du crime. Dieu a retiré ses lumières, ses grâces, son amour, à la France, et c'est là la cause de nos malheurs. L'esprit du mal, l'esprit de vertige, s'est emparé de tous, des gouvernants et des gouvernés ; et cette France, si catholique au temps de saint Louis, fille aînée de l'Eglise, si aimée de sa mère, si fidèle, si dévouée à ses intérêts, a oublié son titre le plus beau et, méconnaissant ses devoirs les plus impérieux, a laissé maltraiter et dépouiller sa mère... Elle s'est ainsi découronnée et a perdu l'auréole sublime de sa véritable gloire.

Puis, ceux qui se sont emparés d'elle l'ont enivrée d'une gloire humaine, d'une prospérité matérielle et mondaine qui l'ont aveuglée... Elle n'a plus regardé le ciel ; elle a comme perdu le souvenir de son Dieu, le souvenir de l'Eglise, sa mère. Alors Dieu s'est retiré d'elle, alors sa mère ne l'a plus bénie ; sa main, si bonne et si sûre, n'a plus guidé ses pas, et elle s'est follement précipitée dans les voies de l'erreur et du mal... Elle a cru trouver et saisir la félicité, elle n'a trouvé que ruines et malheurs. On a voulu la gouverner sans Dieu, et Dieu a caché son front, qui éclaire, et retiré son bras, qui soutient et fortifie ; alors le trouble l'a saisie, et la révolution, la discorde, sources de tous les maux, puis la guerre avec tous les fléaux qui l'accompagnent, la guerre suivie des plus affreux désastres, sont venues fondre sur elle et l'ont conduite jusqu'aux bords de l'abîme.

Français, ouvrez enfin les yeux, regardez et voyez, et surtout sachez comprendre... Ah! si Dieu, dans sa miséricorde, n'avait eu pitié de nous, que deviendrions-nous, que deviendrait la France?

Mais voici qu'il nous envoie un libérateur destiné à nous rendre le sourire du ciel et les bénédictions d'en haut, à nous replacer dans les bras de notre père, sur le sein de notre mère, d'où la révolution nous avait arrachés. Ce libérateur qui nous arrive si miraculeusement est le petit-fils de saint Louis, de ce grand prince qui a été la gloire de son siècle, l'honneur de la France, la joie de l'Eglise, le défenseur de la religion, le modèle des rois, l'appui du faible, de la veuve et de l'orphelin, le protecteur des malheureux, l'ami, le père de tous.

Ce petit-fils vient à nous animé des mêmes sentiments, doué des mêmes qualités, orné des mêmes vertus, instruit par les leçons du passé, éclairé par l'expérience et par l'étude des hommes et des choses, éclairé surtout par le flambeau radieux de la foi et par les divines paroles qu'il a entendues dans ses pieux entretiens avec le Ciel, alors que, loin du tumulte du monde et du bruit des affaires, il était seul avec Dieu seul, enrichi des dons célestes, sanctifié par l'abondante rosée de la grâce de Dieu. Il vient régner comme ont régné les bons princes, les saints rois, comme a régné saint Louis lui-même. Il vient établir un gouvernement vraiment chrétien, reprendre une politique vraiment catholique, et inaugurer en France une ère de justice et de vérité, de prospérité et de bonheur.

Saint Louis était tellement un homme de Dieu, un roi selon Dieu, qu'il ne voyait, qu'il ne cherchait que Dieu en toutes choses et n'avait d'autre but que sa gloire et le bien de ses sujets. *Dieu et le peuple,* c'était là sa devise et sa règle en tout. Aussi peut-on justement dire que son règne était le règne du bien, le règne de Dieu sur la terre.

Quand on se rappelle les principaux traits de sa vie, quand on considère son courage, son héroïsme, sa foi, sa piété, sa confiance, son amour pour son Dieu et pour son peuple, on est étonné, ravi, et on s'écrie, plein d'une juste admiration : « Quel grand prince ! quel saint roi ! »

Les Lieux saints recouvrés, ses sanctuaires restaurés par ses mains et enrichis de ses dons ; l'Eglise consolée, réjouie, jouissant de la plénitude de sa liberté et répandant partout ses bienfaits ; la religion aimée, pratiquée, la vertu honorée et rendue facile par l'exemple du prince; la France agrandie, embellie, florissante, libre et calme au dedans, respectée et glorieuse au dehors, voilà l'œuvre de saint Louis.

Si le chrétien peut aujourd'hui vénérer le berceau et le tombeau de son Sauveur, baiser la terre qu'ont foulée ses pieds sacrés et qui a bu son sang divin ; s'il peut aller ranimer sa foi, réchauffer son cœur, exciter son amour dans ces lieux sanctifiés par la présence de l'Homme-Dieu, c'est à saint Louis qu'il le doit.

Si l'Eglise, alors honorée et paisible, a pu étendre au loin son action bienfaisante et civilisatrice, si la France a été si prospère et le peuple si heureux, c'est à saint Louis qu'est due toute reconnaissance.

O temps heureux, temps bénis du ciel, vous allez renaître. Le petit-fils va enfanter les mêmes merveilles que son aïeul. Il a le même cœur, le même esprit, le même bras ; son œuvre sera la même.

Il a la foi, la piété de saint Louis : les preuves en sont partout. Tous les sanctuaires où il s'est incliné nous le redisent. Il croit, il prie comme croient et prient les saints, comme a cru et prié saint Louis lui-même.

Nous l'avons vu nous-même avec bonheur, accompagné de sa digne et sainte sœur, Mme la duchesse de Parme, trop tôt ravie à son affection et à l'amour de ses enfants, qui sont si dignes d'elle, ainsi qu'à l'admiration de tous ceux qui ont eu l'avantage et l'honneur de la connaître, de cette sœur qui devrait être aujourd'hui à côté de son auguste personne pour jouir de son bonheur, pour s'associer à son règne, rehausser la majesté de sa cour par l'excellence de ses qualités et l'éclat de ses vertus ; nous l'avons vu, dis-je, assistant au saint sacrifice, adorant avec le respect d'un ange et priant avec l'ardeur d'un séraphin pour l'Église et pour la France..., et ce spectacle nous a ému jusqu'aux larmes.

Il a la même grandeur d'âme, la même confiance en Dieu. Ni les flots de l'adversité, ni les orages de la révolution, n'ont pu ébranler cette âme si fortement trempée. Tandis que tout s'agite et tremble autour de lui, lui, calme et paisible, les yeux fixés au ciel, y voit le protecteur de l'innocence, le défenseur de l'opprimé, de l'orphelin, et il espère, car tout lui dit que Dieu est pour lui, qu'il se montrera en son temps... Et Dieu n'a point trompé son attente : ce temps est venu, le voici.

Il a la même charité ; le cœur de saint Louis s'est incliné vers le sien pour l'embraser du même feu. Aussi quel foyer d'amour dans cette âme chrétienne! Quels traits héroïques et sublimes de charité dans cette vie si belle et si pure! Exilé, dépossédé, il ne voit d'ennemis nulle part; il accuse les circonstances, les événements, les personnes jamais. Son cœur ne voit partout que des amis, ses lèvres n'ont jamais prononcé que ces mots : *Je pardonne, j'aime*. Le trait suivant suffit pour le caractériser et montrer tout ce qu'il y a de beau, de grand, tout ce qu'il y a de générosité et d'amour en lui. Il apprend que Louis-Philippe est mort; aussitôt, oubliant tout le passé, guidé par sa foi et sa charité, il va, avec sa sœur, aussi aimante, aussi généreuse que lui, déposer une larme sur sa dépouille mortelle et faire monter vers Dieu l'encens de la prière pour obtenir et faire couler sur cette âme toujours chère la rosée de la paix et du pardon avec les douceurs du repos.

O âme noble et généreuse, vous étiez trop belle et trop grande pour n'être pas montrée et redonnée à la France!

Il a le même zèle, le même amour pour l'Eglise : qui ne sait comme il a gémi avec elle dans ces derniers temps! comme il a oublié ses propres douleurs pour pleurer sur les siennes! comme il a regretté de ne pouvoir la défendre contre ses ennemis!

Mais bientôt vous pourrez le faire, ô prince vraiment chrétien, et malheur à ceux qui oseraient l'attaquer encore!

De si hautes vertus nous promettent de hauts faits et de sublimes merveilles : Roi selon Dieu, enfant docile et dévoué de l'Eglise, il fera la joie et la gloire de sa mère. Et cette Eglise sainte, entourée de ses respects et de son amour, protégée par sa foi, défendue par son bras, délivrée par ses mains des entraves dont l'avaient surchargée les méchants, libre dans son action bienfaisante, reprendra sa course glorieuse et triomphante à travers les nations et ira porter partout la paix, la prospérité et la vie.

Les paroles suivantes du prince annoncent elles-mêmes ces prodiges : « Pleine liberté de l'Eglise dans » les choses spirituelles, indépendance souveraine de » l'Etat dans les choses temporelles, parfait accord de » l'une et de l'autre dans les questions mixtes, tels sont » les principes qui doivent régler les rapports des deux » puissances pour le bien de la religion et le bonheur » des peuples. Espérons que le temps n'est pas éloigné » où l'application sincère de ces grandes et sages » maximes au gouvernement des affaires humaines » ouvrira au monde une ère nouvelle de prospérité, de » calme et de véritable progrès (1). »

On oppose ici le *Syllabus* et on dit : « Henri V a adhéré au *Syllabus*, donc il ne peut donner la liberté de conscience. »

Erreur, mensonge ! Tout ceci n'est qu'un fantôme, que l'on met devant les yeux des simples et des ignorants pour les épouvanter.

Le *Syllabus* n'est pas autre chose qu'une série de propositions que l'Eglise déclare fausses, erronées ou dangereuses et qu'elle condamne comme telles. Mais, en les condamnant, elle laisse à chacun sa pleine liberté. Elle n'use ni de contrainte ni de violence vis-à-vis de leurs auteurs ou de leurs partisans. Henri V fera de même, et la liberté de conscience restera entière.

____

(1) Lettre à M. Cherrier, 26 mars 1859.

Ceux qui les embrassent et professent ne sont cités devant aucun tribunal, si ce n'est le tribunal de l'opinion publique des gens honnêtes et éclairés. Ils n'ont que la vertu pour juge, et pour bourreau que leur conscience. Ils n'ont donc rien à craindre de personne, pas plus de Henri V que de tout autre. D'ailleurs, ceux qui mettent cela en avant le savent bien ; ils ne se servent de tout ceci que comme d'une machine de guerre qui, ainsi que toutes leurs autres ruses, inventions, calomnies, ne leur réussira pas.

Mère tendre et féconde, l'Eglise enfantera dans la joie. Elle poussera son cri maternel, et des enfants lui viendront de toutes parts, et depuis les extrémités du monde. Elle ouvrira ses bras avec bonheur pour les recevoir, les pressera sur son cœur avec amour et les enrichira de tous les biens célestes. Les peuples et les rois viendront s'asseoir à ses pieds, se reposer à son ombre, se jeter dans ses bras, et ils lui diront avec joie, amour et reconnaissance : *Vous êtes notre Mère, nous sommes vos enfants !*

Et c'est la France, c'est son Roi, c'est Henri V, qui auront opéré ces prodiges.

Sois bénie, ô France ! Salut à toi, fils de saint Louis, instrument de la droite de Dieu !

O sainte Eglise, ma mère, toi qui es si tendre et si bonne, quand je pense à tes douleurs passées, mon cœur désolé se brise encore ; mais, quand je songe à ton bonheur à venir, des larmes de joie viennent à mes yeux... Entonne aujourd'hui l'hymne d'allégresse, reprends les vêtements de ta gloire, car de beaux jours vont se lever pour toi.

Son chef vénéré, rétabli dans tous ses droits, parfaitement libre et indépendant dans l'exercice de son pouvoir, protégé dans son œuvre divine par le cœur et par les mains de celui que Dieu nous envoie, établira partout le règne du droit, de la justice et de la vérité, le règne de la paix et du bonheur. Les princes et les peuples divers, éclairés d'en haut, touchés de la grâce, le reconnaîtront pour leur maître et leur père, se courberont sous son joug divin, joug plein de force, de suavité et de douceur, et boiront à longs traits à la source d'eau vive qui coule au pied de son trône et qui rejaillit jusqu'à la vie éternelle.

Alors nous verrons ce qui est annoncé depuis longtemps, le règne du grand pape et du grand roi, concourant tous les deux au triomphe de l'Eglise, au rétablissement du bien, au salut du monde.

Le clergé tout entier, libre et protégé lui-même dans sa mission sainte, ira partout jeter les paroles de la semence divine, qui, tombant dans une terre bien préparée et fécondée par la rosée de la grâce, portera des fruits abondants et délicieux. Les enfants de la terre apprendront qu'ils ont un père dans les cieux qui leur prépare le plus sublime héritage, et ils aimeront à élever en haut leurs désirs et leurs affections.

Les rois apprendront qu'ils ont une autre couronne à attendre, plus précieuse que toutes les couronnes d'ici-bas, s'ils savent régner selon Dieu, et ils feront de nobles et continuels efforts pour établir le règne du bien sur la terre. Le riche saura que le pauvre est son frère ; il puisera dans le cœur de Jésus l'amour qu'il doit avoir pour lui, et sa main s'ouvrira largement pour dispenser ses dons. L'indigent comprendra que les biens du ciel sont à lui, que le riche est sa Providence ici-bas, et, en baisant avec reconnaissance la main qui lui donnera les biens du temps, il pensera aux trésors célestes que Dieu lui réserve et attendra avec patience le moment d'entrer en jouissance des richesses éternelles. Alors seront réalisées ces paroles de l'Evangile : *Les aveugles voient, les sourds entendent, les morts ressuscitent, les pauvres sont évangélisés.* Partout on entendra, partout on accueillera avec faveur cette douce invitation du Sauveur : *Aimez-vous les uns les autres comme je vous ai aimés moi-même.* Et, sous l'heureuse influence de ces mots divins, la concorde, la paix, l'union, s'établiront entre les divers membres de la société, et les liens de la charité, formés par la main de la religion, seront tendres et indestructibles comme elle.

Ainsi, l'Eglise, organe de la vérité, dépositaire des promesses divines, gardienne des biens à venir, redira partout ses saints enseignements, sera partout écoutée, aimée, obéie, et sa voix puissante et féconde enfantera des prodiges de vertu.

La religion, source de toute prospérité et de tout bonheur, facilement propagée, largement répandue par une éducation vraiment chrétienne et par le bon esprit qui présidera à l'instruction publique et privée, pénétrera partout, subjuguera tous les cœurs, les rendra bons, dociles, vertueux et par conséquent dévoués à la chose publique, pleins de respect pour le pouvoir et d'amour pour le prince, amis de l'ordre, de la paix et du bien.

Alors la société se rassoira sur ses bases et reprendra une vie nouvelle ; une séve vraiment chrétienne circulera dans ses veines et toutes les vertus s'y épanouiront aux rayons du soleil de justice, comme s'épanouissent et brillent dans un beau parterre les fleurs nouvelles aux jours de printemps.

Alors la France sera comme un magnifique jardin émaillé de fleurs de toutes sortes, orné de frais ombrages et plein de fruits délicieux... Et la terre sera comme le parvis du ciel.

Paraissez, levez-vous dans votre gloire, astre divin qui devez opérer ces merveilles !

Aux prodiges dans l'ordre spirituel viendront s'ajouter les prodiges de l'ordre matériel.

Homme de son temps, comprenant parfaitement son époque, Henri V établira les institutions les mieux appropriées aux mœurs actuelles, aux besoins du jour. En même temps qu'un pouvoir fort et justement respecté maintiendra tout dans l'ordre et rassurera, défendra tous les droits, une liberté sage et bien réglée pénétrera tout et rendra doux et faciles tous les devoirs. On verra réalisé ce problème, depuis si longtemps inutilement cherché, d'une liberté sage et sans abus unie à un pouvoir fort et sans despotisme.

Pour nous en assurer, écoutons son programme; il est tracé moins par sa main que par son cœur :

« Dépositaire du principe fondamental de la monar-
» chie, je sais, dit-il, que cette monarchie ne répondrait
» pas à tous les besoins de la France, si elle n'était en
» harmonie avec son état social, ses mœurs, ses intérêts,
» et si la France n'en reconnaissait et n'en acceptait
» avec confiance la nécessité. Je respecte mon pays
» autant que je l'aime. J'honore sa civilisation et sa
» gloire contemporaine autant que les traditions et les
» souvenirs de son histoire. Les maximes qu'il a forte-
» ment à cœur, l'égalité devant la loi, la liberté de

» conscience, le libre accès pour tous les mérites à tous
» les emplois, à tous les honneurs, à tous les avantages
» sociaux, tous ces grands principes d'une société éclai-
» rée et chrétienne, me sont chers et sacrés comme à
» tous les Français.

» Donner à ces principes toutes les garanties qui leur
» sont nécessaires par des institutions conformes aux
» vœux de la nation, et fonder, d'accord avec elle, un
» gouvernement régulier et stable, en le plaçant sur la
» base de l'hérédité monarchique et sous la garde des li-
» bertés publiques à la fois fortement réglées et loyale-
» ment respectées, tel serait l'unique but de mon ambi-
» tion. J'ose espérer qu'avec l'aide de tous les bons ci-
» toyens, de tous les membres de ma famille, je ne man-
» querais ni de courage, ni de persévérance pour
» accomplir cette œuvre de restauration nationale, seul
» moyen de rendre à la France ces longues perspectives
» de l'avenir, sans lesquelles le présent, même tran-
» quille, demeure inquiet et frappé de stérilité (1). »

Les différents corps de l'Etat, connaissant ces nobles
sentiments du prince, s'associeront à ses vues hautes,
sages et libérales, et concourront avec lui, dans un bienveillant accord, à établir les meilleures lois possibles, à
fonder le plus sage, le plus parfait des gouvernements,
et à créer ainsi une ère de gloire et de prospérité in-
connue jusqu'à ce jour.

Tous les agents du pouvoir, inspirés par la religion,
excités par l'exemple du prince, accompliront leurs devoirs avec autant d'honneur que de dévouement, avec
autant de sagesse et de fermeté que de bienveillance et

____

(1) Lettre à M. Berryer, 23 janvier 1851.

de douceur, et par là feront aimer et bénir la personne du Roi et son gouvernement.

L'agriculture, cette mère commune des peuples, débarrassée des charges de tous genres qui l'accablent, aidée d'une manière plus efficace que par le passé par ce prince qui l'aime et qui l'honore, qui a étudié dans son exil tout ce qui s'y rattache, qui *s'en est occupé autant par goût que par devoir,* ainsi qu'il le dit à M. le comte d'Esclaires dans sa lettre du 20 septembre 1844, parce qu'elle est *la source de la véritable richesse des nations et du bien-être des classes laborieuses,* prendra une extension nouvelle, accroîtra de beaucoup ses produits et répandra dans les campagnes l'aisance, le contentement et le bonheur.

Le laboureur, alors heureux de son sort, aimera le champ de ses aïeux, la maison de ses pères, et, au séjour des villes, où la vie est si agitée et si difficile, préférera le séjour de la campagne, où la vie est plus douce et plus tranquille, parce que la religion y est mieux connue, mieux pratiquée, et qu'elle y fait mieux sentir sa salutaire influence.

Le commerce, dégagé de toute entrave, défendu contre l'étranger, libre dans ses opérations, prendra un nouvel essor, se créera des débouchés nouveaux, s'élancera dans des entreprises grandes et fécondes, deviendra une source sûre et abondante de prospérité et de richesses et doublera le bien-être et la fortune de tous.

L'industrie, qui a été l'objet de son attention spéciale et de ses réflexions sur la terre étrangère, comme il est constaté par sa lettre du 12 septembre 1844 à M. le comte de Dax, propriétaire de forges, qui lui avait envoyé des échantillons de ses produits, et où il est dit :

« Tous les travaux qui tendent à maintenir la France au
» rang qui lui appartient ne peuvent que m'inspirer un
» vif intérêt. J'aime à voir les hommes de bien et d'hon-
» neur employer utilement leurs loisirs actuels et con-
» tribuer à servir de tout leur pouvoir cette chère patrie,
» dont la prospérité et la gloire sont l'unique objet de
» mes pensées sur la terre d'exil où je suis forcé de
» vivre. » L'industrie, dis-je, protégée et entourée des
soins attentifs de ce prince éclairé, les arts puissam-
ment encouragés, enfanteront des merveilles et révéle-
ront aux yeux de tous le génie supérieur de la France,
qui s'élèvera, sous ce rapport comme sous tant d'autres,
bien au-dessus des autres nations.

Oh ! que la France sera belle et heureuse alors ! Le
calme au dedans, la paix au dehors, la prospérité en
tout et partout, et par le fait les charges considérablement diminuées, les impôts abaissés et sagement répar-
tis, l'impôt du sang surtout, qui pèse si lourdement sur
la classe ouvrière et qui enlève tant de bras à l'agriculture et au commerce, sensiblement allégé et rendu facile,
comme on doit l'attendre d'un prince qui a prononcé
ces paroles en 1855 : « Le système actuel de recrutement
» pèse trop inégalement sur la population, et il me pa-
» raît susceptible d'être amélioré (1) ; » la prépondérance
de la France établie par la justice, la vertu, le génie de
son souverain et le prestige de son nom, feront de son
règne le plus beau, le plus grand, le plus heureux que
les Français aient jamais connu.

La France, sous ce prince magnanime, accomplira
parfaitement le rôle glorieux que la Providence lui a

____

(1) Lettre à M. ***, 12 juin 1855.

assigné dans le monde. Fille aînée de l'Eglise, elle sera, comme déjà nous l'avons dit, la consolation, l'appui, l'orgueil de sa mère. Elle la protégera, la défendra envers et contre tous et recevra, en échange de cette filiale protection, mille bénédictions, qui seront pour elle la source de tous les biens. Elle l'aimera comme elle en sera aimée, et de ce mutuel amour naîtront la paix du monde, le salut des peuples, le bonheur de la terre, la joie du ciel.

Reine des nations, elle les dominera encore plus par la force morale que par la force matérielle. Elle inspirera le respect et la crainte par sa droiture et son équité autant que par sa puissance et sa grandeur. Elle profitera de son ascendant pour amener les peuples à la foi, pour assurer le triomphe de la religion et établir le règne de Dieu partout où s'étendront son influence et son pouvoir.

Son Roi sera le modèle des princes et l'arbitre des souverains. Ceux-ci, subjugués par l'éclat de ses vertus, par le prestige de sa puissance, viendront déposer à ses pieds leurs hommages, chercher l'honneur de son alliance et s'abriter sous les plis de son drapeau dominateur.

Nouveau Salomon, il étonnera le monde par sa sagesse. On accourra de toutes parts pour demander ses conseils et se soumettre à ses jugements. Il deviendra ainsi le juge et le maître de la terre et réglera les destinées des nations. Il fera bien toutes choses, car Dieu sera avec lui. Son nom sera grand et sa renommée ira jusqu'aux extrémités du monde.

La France, déjà si belle en elle-même, recevant encore un nouvel éclat des rayons de la gloire de son roi, brillera au milieu des nations comme brille au milieu des astres le soleil en son plein midi.

Le peuple français, témoin de tant de merveilles, comblé de tant de faveurs, chérira, bénira le prince de qui lui viennent tous ces biens, priera le Seigneur de le lui conserver toujours et s'écriera dans un unanime concert de louanges, dans un continuel transport d'amour : « Vive Henri V ! Vive le Roi ! qu'il vive, qu'il règne à jamais sur nous ! *Fiat !!! Fiat !!!* »

CHAPITRE III.

Père du peuple, c'est le plus beau titre que puisse ambitionner un souverain. Heureux ceux qui l'ont reçu, plus heureux encore ceux qui l'ont mérité !

Mais parmi tous ceux qui auront été honorés de ce titre si flatteur, aucun n'en aura été plus digne et n'en aura mieux rempli les obligations que Henri V, on peut l'affirmer sans crainte. Tout l'a marqué et préparé d'avance pour ce rôle si beau et si doux. Si on a pu dire de Henri IV : *Le bon Henri*, on pourra dire plus justement de Henri V : *Le bon Henri*. Ses sentiments, ses paroles, ses actes, tout révèle en lui le vrai Bourbon, c'est-à-dire l'homme généreux et aimant, l'homme bon par excellence.

Du fond de son exil, il a toujours eu les bras étendus, les yeux tournés vers la France. Il ne voyait que la France, ne parlait que de la France, n'aimait que la France, et cet amour était sa vie, son espérance, son bonheur, cet amour dominait tout en lui. Son cœur brûlant soupirait et s'élançait sans cesse vers cette patrie si chère, non parce qu'il pouvait y posséder un trône, mais parce qu'il y voyait des Français à aimer, des malheurs à soulager, du bien à faire. Là, séparé et comme repoussé de tout ce qu'il aimait, il aimait toujours davantage, et si son cœur ne s'est point brisé dans cette lutte généreuse et sublime, c'est que l'amour est fort comme la mort : *Fortis est ut mors dilectio.*

Là, accompagné de quelques nobles cœurs restés fidèles, qui ont été les heureux témoins de tant de tendresse, de tant de bonté, de tant de vertus, et qui les rediront à la France mieux que je ne pourrais le faire moi-même, il gémissait avec eux de nos désordres civils, il pleurait sur nos malheurs plutôt que sur le sien, il oubliait ses douleurs pour ne penser qu'aux maux de la patrie, qu'il déplorait comme les siens propres, et il demandait à Dieu la paix, le repos, le bonheur, non pour lui, mais pour la France.

Ecoutez-le s'écrier, à la nouvelle de la révolution sanglante de 1848 : « Que de malheurs n'ai-je pas à déplorer ! » les luttes affreuses qui viennent d'ensanglanter la ca- » pitale, la mort de tant d'hommes honorables et distin- » gués dans la garde nationale et dans l'armée, le mar- » tyre de l'archevêque de Paris, la misère du pauvre » peuple, la ruine de nos industries, les alarmes de la » France entière. Je prie Dieu d'en abréger le » cours (1). »

Il s'oubliait lui-même, il oubliait ses propres besoins, pour ne s'occuper que de ceux des autres. Il s'imposait de réelles privations pour soulager le plus d'infortunes possible, et tout en donnant plus que sa position ne le lui permettait, il regrettait encore de ne pouvoir faire davantage.

(1) Lettre à M. Berryer, 15 juillet 1848.

A la nouvelle des inondations du Midi, en 1844, il envoie six mille francs pour être distribués dans les lieux qui ont le plus souffert, et sa lettre d'envoi se termine par ces mots : « Quoique forcé de vivre loin de ma » patrie, je ne puis rester étranger ni indifférent aux » maux qu'elle endure. Tout mon regret, dans cette cir- » constance, est de ne pouvoir donner davantage ; mais » en recevant le peu que je puis offrir, on comprendra » tout ce que j'aurais tant aimé à faire (1). »

A l'occasion de son mariage, en 1846, il envoie vingt mille francs pour les pauvres, pour ceux de Paris en particulier, et qui doivent être distribués *sans autre con- sidération que celle des besoins et de la position plus ou moins malheureuse de chacun*, et sa lettre d'envoi renferme ce cri de compassion et d'amour : « Quand je » pense à la misère qui règne en ce moment et dont » l'hiver qui s'approche ne peut qu'augmenter encore » les rigueurs, je voudrais avoir des trésors à répandre » pour soulager tant de souffrances (2). »

A la nouvelle de l'inondation du Midi et de l'Ouest, en 1856, il envoie vingt mille francs pour les victimes, et il s'écrie : « C'est surtout dans ces circonstances que » je souffre cruellement de me voir retenu loin de mon » pays, de ne pouvoir voler moi-même au secours de » cette multitude d'infortunés et de n'avoir à ma disposi- » tion que des ressources trop limitées pour qu'il me soit » possible de contribuer aussi efficacement qu'il le fau- » drait et que je le désirerais à relever tant de ruines et » à soulager tant de misères (3). »

<hr>

(1) Lettre à M. le marquis de Pastoret, 2 mars 1844.
(2) Lettre à M. le duc de Lévis, 16 juin 1846.
(3) Lettre à M. le marquis de Pastoret, 18 octobre 1856.

N'a-t-il pas, dernièrement encore, envoyé quatre mille francs pour ceux qui ont souffert des inondations autour de Paris, en disant qu'il a attendu la clôture de la souscription pour qu'on ne puisse voir dans son envoi une manœuvre politique, mais seulement son amour pour les malheureux ?

Ah ! celui qui parle et agit ainsi prouve qu'il sait aimer, qu'aimer est sa nature, son existence, prouve aussi qu'il a vraiment un cœur de père, un cœur qui n'a qu'un seul cri, le cri de l'amour. Ecoutez-le, ce cri si fort et si doux : « Vous savez combien j'aime la France, » et je ne me console de vivre loin d'elle que dans l'at- » tente du jour qui me rouvrira ses portes et où je pour- » rai me consacrer tout entier à son bonheur (1). »

De plus, autant son amour est fort et ardent, autant il est circonspect et délicat. Qui le prouve mieux que ces mémorables paroles sorties de son cœur : « Français » avant tout, je n'ai jamais souffert, je ne souffrirai ja- » mais que mon nom soit prononcé lorsqu'il ne pourrait » être qu'une occasion de division et de trouble ; mais » si la France, lasse enfin de ces expériences qui n'abou- » tissent qu'à la tenir perpétuellement suspendue sur un » abîme, tourne vers moi ses regards et prononce elle- » même mon nom comme un gage de sécurité et de sa- » lut, comme la garantie véritable des droits et de la » liberté de tous, qu'elle se souvienne alors que mon » bras, que mon cœur, que ma vie, que tout est à elle et » qu'elle peut compter sur moi (2). »

D'ailleurs, ne l'a-t-on pas vu prendre les plus grandes

(1) Lettre à M. le baron ***, 4 août 1845.
(2) Lettre à M. ***, 1er juin 1848.

précautions pour n'être jamais un embarras ni un danger pour la France ? Qui ne sait que lorsque la France a tiré l'épée contre l'Autriche, à l'instant même il a quitté le territoire de cette puissance, pour n'être jamais ni avec ni chez les ennemis de la France ? O délicatesse ! ô vertu d'un grand cœur ! la terre vous admire, mais le Ciel vous bénit, et l'histoire vous redira avec éloge aux générations futures.

Pour mieux juger encore ce noble cœur, écoutons avec un religieux respect quelques autres paroles tombées de ses lèvres : « Ce que je veux (a-t-il dit), c'est la paix, » c'est le bonheur, c'est la gloire de la France. Le plus » beau jour de ma vie sera celui où je pourrai voir tous » les Français, après tant de dissentiments et de rivalités » funestes, rapprochés par les liens d'une confiance réci- » proque et d'une véritable fraternité ; la famille royale » réunie autour de son chef dans les mêmes sentiments » de respect pour tous les droits, de fidélité à tous les de- » voirs, d'amour et de généreux dévouement pour la » patrie ; enfin la France entière, pacifiée par la réconci- » liation de tous ses enfants, donner au monde le spec- » tacle d'une concorde universelle, sincère, inaltérable, » qui lui permette encore de longs siècles de gloire et de » prospérité (1). »

Et ailleurs :

« Quant à moi, dont la devise a toujours été : *Tout* » *pour la France,* mon seul vœu, ma seule ambition, » c'est de servir ma patrie, de me dévouer pour » elle.... (2). »

---

(1) Lettre à M. le duc de Noailles, août 1848.
(2) Lettre à M. ***, 12 octobre 1848.

Qui peut lire ces paroles sans être touché et ravi ? Quant à moi, ému jusqu'au fond de l'âme, je m'écrie dans un saint transport : O cœur admirable, cœur si parfait, cœur si aimant et si digne d'être aimé, que n'avez-vous été connu plus tôt ! Source de notre espérance et de notre bonheur futur, venez vite, venez épancher sur nous les trésors de votre amour, allumer dans nos cœurs le noble feu qui vous embrase et nous apprendre à aimer comme vous aimez vous-même !

Ainsi donc, nous en avons le gage le plus assuré, Henri V sera comme un père, un père au milieu de sa famille. Ecoutez ce mot si doux qui sort de son cœur :
« Si la Providence m'appelle à régner un jour, je ne
» serai pas le roi d'une seule classe, mais le roi ou plu-
» tôt le *père de tous* (1). »

Oui, il sera le père de tous. Il regardera ses sujets comme ses enfants, il les aimera comme un père aime ses enfants, de l'amour le plus tendre, le plus dévoué, le plus généreux ; son cœur ne respirera, ne vivra que pour eux ; il sera toujours ouvert pour les recevoir et son bras étendu pour les protéger et les défendre envers et contre tous.

Il les entourera des soins les plus affectueux et les plus délicats, il les gouvernera avec douceur, paix et charité, il régnera pour eux plutôt que pour lui, et tout son désir, tout son bonheur sera de les rendre parfaitement heureux.

N'a-t-il pas dit aux jours de son exil : « Quels que
» soient les desseins de la Providence sur moi, je n'ou-
» blierai jamais que le grand roi Henri IV, mon aïeul,

(1) Lettre à M. le duc de Noailles, 23 décembre 1850.

» a laissé à tous ses descendants l'exemple et le devoir
» d'aimer le peuple. C'est un héritage qui ne peut m'être
» enlevé, et mes amis ne sauraient me rendre un meil-
» leur service que de faire connaître ces sentiments qui
» sont dans mon cœur (1). »

Ses sujets, touchés de tant d'amour, l'aimeront à leur
tour comme des enfants aiment leur père et n'auront
d'autre étude et d'autre bonheur que de faire sa joie et
sa consolation par leur respect, leur soumission, leur
fidélité constante et parfaite ; et cet amour mutuel du
souverain pour ses sujets et des sujets pour le souverain
fera le bonheur de tous, sera la gloire de la France et
assurera l'ordre, la sécurité, la paix, mieux que toutes
les lois fondées sur la crainte. L'amour gardera tout,
parce que l'amour aura tout formé, et les liens si beaux
de la charité qui uniront le Roi aux sujets et les sujets
au Roi, ainsi que les sujets entre eux, seront doux et
indissolubles comme tout ce qui vient de cette fille du
Ciel, et les fruits de cette union seront magnifiques et
délicieux comme tout ce qui est enfanté par cette reine
des vertus.

Ainsi, la France sera comme une grande famille où
tous n'auront qu'un cœur et qu'une âme ; l'amour dé-
coulant en flots abondants du cœur du père commun,
comme d'une source féconde, inondera le cœur de tous,
et tous aimeront comme ils seront aimés. Ce sera vraiment la famille bénie, la famille bien-aimée du Seigneur, parce que tout y sera selon la charité.

L'amour du souverain sera le même pour tous ; il n'y

____

(1) Lettre à M. le vicomte du Bouchage, membre de la Chambre des
pairs, 18 octobre 1844.

aura point de prédilection, plus de privilége pour personne ; il y aura autant de place dans son cœur pour le pauvre que pour le riche, pour le petit que pour le grand, pour le paysan que pour le noble et le seigneur. Comme il a été dit à la venue du Sauveur du monde : *Désormais il n'y aura plus ni Juif ni Grec, ni homme libre ni esclave, mais tous seront les enfants de Dieu*, de même on pourra dire véritablement à la venue de Henri V, sauveur de la France : Désormais il n'y aura plus ni paysan ni noble, ni petit ni grand, mais tous seront les enfants de la France, ayant les mêmes droits, et par conséquent les mêmes devoirs, participant au même amour, recevant les mêmes soins, les mêmes faveurs, de la part du monarque, et prenant chacun une part égale à la chose publique, au bien commun à tous.

Ainsi tous jouiront d'une égalité parfaite devant le Roi et devant la loi ; le grand et l'opulent n'auront pas un accès plus facile ni un accueil plus favorable auprès de lui et auprès des tribunaux que le petit et le pauvre.

Comme Dieu a créé le même soleil, la même lumière, la même chaleur pour tous, de même le prince aura pour tous le même cœur, le même œil, la même main, le même sourire.

Comme Dieu n'a jamais fait et ne fera jamais acception de personnes, de même Henri V, dont le cœur est formé sur le cœur de Jésus-Christ, n'aura jamais de préférence pour qui que ce soit.

En un mot, tous seront vraiment égaux, parce que tous seront les sujets du même Roi, les enfants du même père ; car ce prince, qui a tant souffert des déchirements d'autrefois, des séparations passées, vient non pour séparer encore, mais pour réunir ; non pour for-

mer une caste, mais pour former un peuple ; non pour
faire des privilégiés, mais des sujets, des citoyens égaux,
se respectant, s'aimant entre eux.

Ses sentiments sont connus, ses paroles sont formelles
à cet égard ; écoutez : « Je l'ai dit et je le répète, si ja-
» mais la Providence m'ouvre les portes de la France, je
» ne veux pas être le Roi d'une classe ni d'un parti, mais
» le Roi de tous. Le mérite et les services seront les
» seules distinctions à mes yeux (1). »

Ecoutez encore : « Loin de repousser personne, je serai
» heureux, au contraire, d'accueillir tous les hommes
» utiles, dans quelque situation politique qu'ils se soient
» trouvés, à quelque nuance d'opinion qu'ils appar-
» tiennent.... Je n'aurai pas trop du concours de tous
» les talents, de toutes les capacités, de tous les carac-
» tères honorables, de tous les cœurs qui aiment sincère-
» ment leur patrie, pour m'aider à remplir les grands
» devoirs qui me seront imposés (2). »

Ces paroles si belles et si fortes doivent bannir toute
crainte et faire naître dans tous les cœurs la confiance,
la reconnaissance et l'amour. Non, il ne sera pas le Roi
d'un parti, il ne sera ni un *Roi aristocrate* ni un *Roi bourgeois*, mais il sera, comme Henri IV, le *Roi du pauvre
peuple.*

Ainsi donc le temps des priviléges est passé, bien
passé, passé sans retour. Les mœurs ne sont plus les
mêmes ; tout est tellement changé que les priviléges
aujourd'hui n'ont plus de raison d'être. L'organisation
sociale les exclut forcément, et d'ailleurs l'esprit et le

(1) Lettre au général Donnadieu, 28 août 1844.
(2) Lettre à M. de Corcelles, 28 février 1852.

cœur du prince que Dieu nous envoie les condamnent
et les repoussent à jamais.

Le droit commun pour tous, la même loi pour tous,
voilà l'ordre social établi, reconnu, proclamé maintenant en France, ordre auquel nul n'a la volonté ni le
pouvoir de se soustraire, pas plus le Roi que les sujets,
ordre qui va être confirmé et proclamé de nouveau so-
lennellement et replacé sur des bases plus fortes et plus
durables encore par Henri V.

Oui, c'est dit et c'est fait, plus désormais de priviléges ! S'il y a quelque prédilection de la part du prince,
ce sera pour les petits et pour les pauvres. De même
qu'un père entoure de soins plus tendres et plus assidus
ses enfants débiles et souffrants, ainsi Henri V entourera de soins plus affectueux et plus multipliés les indigents, les malheureux. Son cœur, qui a connu la souf-
france, compatira à tous ceux qui souffrent.

Exilé, pauvre lui-même, n'a-t-il pas déjà largement
ouvert son cœur et sa bourse à tous les indigents, à tous
les malheureux ? N'a-t-il pas fait les plus chaleureux
appels à ses amis en leur faveur, soit pour stimuler leur
zèle, soit pour les remercier d'y avoir répondu ? N'a-t-il
pas prononcé ces belles paroles, qui en disent plus
qu'un long discours et qui révèlent si bien ses sentiments : *Assister des Français qui souffrent, c'est me servir* (1).

S'il a parlé et agi ainsi dans l'exil, que ne fera-t-il pas
sur le trône !

Par ses soins, par son ordre, des secours de toute sorte
viendront aider les nécessiteux, les affligés. La charité

---

(1) Lettre à M. le comte Jules de Jumilhac, 14 janvier 1847.

publique, largement et intelligemment exercée, secondant les efforts de la charité privée, qui agira d'autant plus fortement qu'elle sera plus encouragée et plus libre, portera partout une bienveillante assistance et soulagera autant que possible toutes les infortunes. Des établissements seront créés pour tous les genres de misères, des hospices établis pour toutes les espèces d'infirmités. Henri V, nouveau saint Louis, les visitera lui-même, pourvoira à tout, dirigera tout. On verra souvent sa main royale s'étendre pour panser les plaies des malades comme pour essuyer les larmes des malheureux, et toujours alors de bonnes et douces paroles sorties de sa bouche souriante viendront consoler et ranimer les cœurs brisés et feront descendre la joie là où régnait la douleur et renaître la vie là où la mort semblait dominer.

Les classes ouvrières auront un titre particulier à sa tendresse et une part spéciale à ses soins. Il réalisera alors ce qu'il a médité dans l'exil en leur faveur, comme l'indiquent les paroles suivantes : « Je regarde comme » un devoir d'étudier dès à présent tout ce qui se rat- » tache à l'organisation du travail et à l'amélioration du » sort des classes laborieuses (1). »

Et celles-ci surtout :

« C'est avec l'émotion la plus vive que j'ai reçu le té- » moignage qui m'a été offert par des ouvriers de tous » les états de la ville de Paris. J'ai été profondément » touché de voir leurs délégués venir me trouver sur la » terre étrangère, et je les charge d'être auprès de tous » leurs camarades les interprètes de ma gratitude et de

____

(1) Lettre déjà citée, à M. le vicomte du Bouchage, 10 octobre 1844.

» mon affection. En parcourant les listes nombreuses qui
» m'ont été apportées, j'ai été heureux et fier de compter
» tant d'amis dans les classes laborieuses. Etudiant sans
» cesse les moyens de leur être utile, je connais leurs
» besoins, leurs souffrances, et mon regret le plus grand
» est que mon éloignement de la patrie me prive du bon-
» heur de leur venir en aide et d'améliorer leur sort.
» Mais un jour viendra où je pourrai servir la patrie et
» mériter son amour et sa confiance (1). »

Ce jour est venu, et il va se livrer aux élans généreux de son cœur. Ainsi donc, tout nous le dit, tout le
prouve, Henri V sera comme un père compatissant qui
presse tendrement dans ses bras tous ses enfants malheureux, et de son cœur sortira du baume pour toutes
les blessures, un remède pour toutes les douleurs et du
soulagement pour tous les genres d'infortunes.

La société sera comme une bonne mère qui recueille
avec empressement, qui réchauffe avec amour sur son
sein ses enfants infirmes et souffrants, qui les nourrit de
sa substance, qui les fait vivre de sa vie, qui les comble
de tous les biens.

O vous qui gémissez sous le poids accablant de la douleur ou dans les privations qu'impose l'indigence, vous
qui succombez sous le faix de la peine et des labeurs,
espérez, réjouissez-vous. L'astre consolateur se lève et
va faire naître pour vous des jours meilleurs. Saluez sa
venue avec bonheur, espérance et amour.

Comme tous auront une égale part à la confiance et à
l'amour du prince, tous auront conséquemment une
égale part aux emplois de l'Etat, aux charges publiques.

____

(1) Lettre aux ouvriers de Paris, 25 août 1849.

Les emplois alors seront donnés non à la naissance, à la fortune, à la flatterie, mais à la capacité, au talent, au dévouement. Nous en avons pour garant ces paroles du prince déjà citées : *Le mérite et les services seront les seules distinctions à mes yeux.* Et puisque l'éducation, devenue plus facile, et par conséquent plus générale, pénétrera partout et qu'avec elle la science descendra jusqu'aux rangs les plus bas de la société et qu'elle illuminera de son flambeau sacré tous les esprits en même temps que la religion éclairera et guidera tous les cœurs, les petits et les pauvres pourront y arriver comme les grands et les riches, mieux peut-être que les grands et les riches, car tandis que souvent la richesse, qui se suffit à elle-même, éloigne du travail, et par conséquent de la science, le besoin, au contraire, l'excite et enfante parfois les capacités et les génies.

Quoi qu'il en soit, toutes les classes de la société concourront dans une égale mesure à la direction de la chose publique, au maniement des affaires et en quelque sorte au gouvernement du pays, d'où il résultera que chacun s'attachera à l'ordre de choses, que le patriotisme enflammera tous les cœurs et que par conséquent la paix, la sécurité, seront partout.

Les paroles du prince excluent tout doute à cet égard : « J'ai employé les longues années de mon exil à étudier » les hommes et les choses. Je comprends les conditions » que le temps et les événements ont faites à la société » actuelle ; je reconnais les intérêts nouveaux qui se » sont créés de toutes parts en France et le rang social » que se sont légitimement acquis l'intelligence et la » capacité. Si la Providence m'appelle sur le trône, je » prouverai, je l'espère, que je connais l'étendue et la

» hauteur de mes devoirs. Exempt de préjugés, loin de
» me renfermer dans un esprit étroit d'exclusion, je
» m'efforcerai de faire concourir tous les talents, tous
» les caractères élevés, toutes les forces intellectuelles
» de tous les Français, à la prospérité et à la gloire de
» la France (1). »

Ah ! qu'il est doux d'entendre un pareil langage ! qu'il
est doux surtout de penser que celui qui parle ainsi va
régner sur la France ! De si belles paroles, de si nobles
sentiments, nous font espérer et nous assurent qu'il sera
bon, juste, bienveillant, pour tous ses sujets ; que sous
lui les charges publiques, les avantages sociaux, seront
le patrimoine de tous ; que, en un mot, son gouvernement sera le meilleur des gouvernements et son règne
le plus heureux des règnes.

Il gérera la fortune publique comme un père gère le
bien de la famille, avec zèle, sagesse et dévouement,
ayant toujours en vue les intérêts de ses sujets plutôt
que les siens, le bonheur de son peuple plutôt que son
propre bonheur. Il fera les plus nobles efforts, il usera
de tous les moyens pour accroître la richesse nationale,
la prospérité du pays. Pour cela, il favorisera toutes les
industries, toutes les sages entreprises, tous les travaux
utiles, les travaux agricoles surtout, et pour leur donner un plus grand développement, un élan nouveau, il
diminuera en tout et pour tout les droits et les charges ;
puis, par de sérieux encouragements, par de dignes ré-
compenses, il stimulera le zèle, l'activité, l'énergie de
tous. Il accordera, en outre, une égale protection aux pro-
ducteurs et aux consommateurs, et cette protection sage,

(1) Lettre à M. le duc de Noailles, 5 octobre 1848.

bienveillante, en multipliant les produits, abaissera le prix de toutes choses et doublera la fortune de chacun. C'est ainsi que par ses soins vraiment paternels, par sa sagesse, sa droiture, son intelligence, il répandra la vie, l'aisance, le bien-être partout.

Il évitera scrupuleusement tout ce qui pourrait troubler ce bien-être et le bonheur de son peuple, comme les entreprises ruineuses, les guerres inutiles ou injustes, etc.... Les projets de l'orgueil ou de l'ambition ne lui feront jamais sacrifier à sa gloire le repos et la paix de ses sujets, et si l'honneur de la France l'oblige parfois à tirer l'épée, la justice de sa cause, l'héroïsme de l'armée, le concours patriotique de tous, lui assureront une prompte et facile victoire.

Ses ennemis apprendront bien vite à leurs dépens ce qu'il en coûte pour oser manquer à la France, et dès lors, tous, amis ou ennemis, dominés par sa puissance, éblouis des rayons de sa gloire, fascinés par l'éclat de sa grandeur, resteront courbés à ses pieds, dans l'attitude du respect, pour l'admirer, l'honorer et l'aimer.

La France alors, n'ayant à craindre ni commotions au dedans ni attaques au dehors, libre, calme et paisible, emploiera tout ce qu'il y aura de force, d'activité, de vie en elle, pour se créer des produits nouveaux, des richesses nouvelles, et elle montera ainsi rapidement au faîte de la prospérité, au sommet de la grandeur.

Sous ce prince pieux et éclairé, le flambeau de la science, uni au flambeau de la foi, répandra partout sa bienfaisante lumière.... Et le peuple français sera nonseulement le plus sage, mais le plus instruit, le plus admirable, le plus grand des peuples dans l'industrie, dans les arts, dans les sciences. Des génies y apparaîtront qui seront la gloire de leur époque, qui étonneront le monde par de nouvelles découvertes, qui reculeront de beaucoup les limites du savoir.

Des lois douces et fortes, sagement répressives, banniront autant que possible les crimes de la société, et, par là, garantiront tous les intérêts ; puis, en déracinant les vices, qui sont les plus grands maux des peuples, feront naître les vertus, la probité, la justice, l'honneur, qui sont leurs meilleurs biens et qui attirent sur eux toutes les bénédictions du Seigneur.

D'ailleurs, toutes les vertus, tous les devoirs seront rendus faciles par l'exemple du prince, qui, le premier, montrera la plus entière soumission, la plus parfaite fidélité aux lois de l'Etat comme aux lois de l'Eglise, et qui sera un modèle accompli de vertu chrétienne. Et cet exemple, donné de si haut, descendra dans tous les rangs de la société, animera tous les cœurs et fera du peuple français un peuple à part, un peuple privilégié, ami du bien, chéri de Dieu, béni du Ciel.

Aussi, son règne sera appelé le grand règne ; son siècle, le grand siècle ; lui-même sera appelé le grand Roi, le saint Roi, et, comme tout prospère entre les mains des saints, avec lui, par lui, la France parviendra à un degré de prospérité et de gloire inconnu jusqu'alors et verra s'ouvrir devant elle une ère de paix, de liberté, de félicité, qui ne finira plus.

Toutes les nations l'appelleront bienheureuse, parce que Dieu aura fait en elle et pour elle de grandes choses, en lui donnant un si bon Roi, un Roi selon son cœur. Elle chantera elle-même, en présence des nations ravies, sa gloire et son bonheur, en redisant, radieuse et triomphante, ce cantique si beau de la reconnaissance et de l'amour : *Magnificat anima mea Dominum, et exultavit spiritus meus in Deo salutari meo.... Quia fecit mihi magna qui potens est.* Mon âme glorifie le Seigneur et mon cœur s'est réjoui dans le sauveur qu'il m'a envoyé et qu'il a choisi pour opérer ses merveilles en ma faveur, dans Henri-Dieudonné. Son nom est grand, son nom est glorieux, qu'il soit à jamais béni ! *Sit nomen ejus benedictum in sæcula !!!* Ce sera là son hymne de prédilection, son cri de joie, son serment de fidélité, son refrain d'amour, qu'elle redira toujours avec une ardeur nouvelle et que je redirai moi-même avec un cœur brûlant jusqu'à mon dernier soupir : *Sit nomen ejus benedictum in sæcula!!! Amen !*

« Français, écrivait le prince le 9 octobre 1870, vous êtes de nouveau maîtres de vos destinées.

» Pour la quatrième fois depuis moins d'un demi-siècle, vos institutions politiques se sont écroulées, et nous sommes livrés aux plus douloureuses épreuves.

» La France doit-elle voir le terme de ces agitations stériles, source de tant de malheurs? C'est à vous de répondre.

» Durant les longues années d'un exil immérité, je n'ai pas permis un seul jour que mon nom fût une cause de division et de trouble ; mais aujourd'hui qu'il peut être un gage de conciliation et de sécurité, je n'hésite pas à dire à mon pays que je suis prêt à me dévouer tout entier à son bonheur.

» Oui, la France se relèvera si, éclairée par les leçons de l'expérience, lasse de tant d'essais infructueux, elle consent à rentrer dans les voies que la Providence lui a tracées.

» Chef de cette maison de Bourbon qui, avec l'aide de Dieu et de vos pères, a constitué la France dans sa puissante unité, je devais ressentir plus profondément que tout autre l'étendue de nos désastres, et mieux qu'à tout autre il m'appartient de les réparer.

» Ne l'oubliez pas : c'est par le retour à ses traditions de foi et d'honneur, que la grande nation, un moment affaiblie, recouvrera sa puissance et sa gloire.

» Je vous le disais naguère : gouverner ne consiste pas à flatter les passions des peuples, mais à s'appuyer sur leurs vertus.

» Ne vous laissez plus entraîner par de fatales illusions. Les institutions républicaines, qui peuvent correspondre aux aspirations de sociétés nouvelles, ne prendront jamais racine sur notre vieux sol monarchique.

» Pénétré des besoins de mon temps, toute mon ambition est de fonder, avec vous, un gouvernement vraiment national, ayant le droit pour base, l'honnêteté pour moyen, la grandeur morale pour but.

» Effaçons jusqu'au souvenir de nos dissensions passées, si funestes au développement du véritable progrès et de la vraie liberté.

» Français, qu'un seul cri s'échappe de notre cœur :

» *Tout pour la France, par la France et avec la France !*

» HENRI. »

Plus récemment encore, le prince écrivait le manifeste suivant, qui a produit l'impression la plus profonde sur toutes les âmes honnêtes :

« Comme vous, mon cher ami, j'assiste, l'âme navrée, aux cruelles péripéties de cette abominable guerre civile, qui a suivi de si près les désastres de l'invasion.

» Je n'ai pas besoin de vous dire combien je m'associe aux tristes réflexions qu'elle vous inspire, et combien je comprends vos angoisses.

» Lorsque la première bombe étrangère éclata sur Paris, je ne me suis plus souvenu que des grandeurs de la ville où je suis né : j'ai jeté au monde un cri de douleur qui a été entendu ; je ne pouvais rien de plus, et, aujourd'hui comme alors, je suis réduit à gémir sur les horreurs de cette guerre fratricide.

» Mais ayez confiance ; les difficultés de cette douloureuse entreprise ne sont pas au-dessus de l'héroïsme de notre armée.

» Vous vivez, me dites-vous, au milieu d'hommes de tous les partis, préoccupés de savoir ce que je veux, ce que je désire, ce que j'espère.

» Faites-leur bien connaître mes pensées les plus intimes et tous les sentiments dont je suis animé.

» Dites-leur que je ne les ai jamais trompés, que je ne les tromperai jamais, et que je leur demande, au nom de la civilisation, au nom du monde entier, témoin de nos malheurs, d'oublier nos dissensions, nos préjugés et nos rancunes.

» Prémunissez-les contre les calomnies répandues dans l'intention de faire croire que, découragé par l'excès de nos infortunes et désespérant de l'avenir de mon pays, j'ai renoncé au bonheur de le sauver.

» Il sera sauvé le jour où il cessera de confondre la licence avec la liberté ; il le sera surtout quand il n'attendra plus son salut de ces gouvernements d'aventure qui, après quelques années de fausse sécurité, le jettent dans d'effroyables abîmes.

» Au-dessus des agitations de la politique, il y a une

France qui souffre, une France qui ne veut pas périr et qui ne périra pas ; car, lorsque Dieu soumet une nation à de si grandes épreuves, c'est qu'il a encore sur elle de grands desseins.

» Sachons reconnaître aussi que l'abandon des principes est la vraie cause de nos désastres.

» Une nation chrétienne ne peut pas impunément déchirer les pages séculaires de son histoire, rompre la chaîne de ses traditions, inscrire en tête de sa constitution la négation des droits de Dieu, bannir toute pensée religieuse de ses Codes et de son enseignement public. Dans ces conditions, elle ne fera jamais qu'une halte dans le désordre ; elle oscillera perpétuellement entre le césarisme et l'anarchie, ces deux formes également honteuses des décadences païennes, et n'échappera pas au sort des peuples infidèles à leur mission.

» Le pays l'a bien compris quand il a choisi pour mandataires des hommes éclairés comme vous sur les besoins de leur temps, mais non moins pénétrés des principes nécessaires à toute société qui veut vivre dans l'honneur et dans la liberté.

» C'est pourquoi, mon cher ami, malgré ce qui reste de préjugés, tout le bon sens de la France aspire à la monarchie. Les lueurs de l'incendie lui font apercevoir son chemin ; elle sent qu'il lui faut l'ordre, la justice, l'honnêteté, et qu'en dehors de la monarchie traditionnelle, elle ne peut rien espérer de tout cela.

» Combattez avec énergie les erreurs et les préventions qui trouvent un accès trop facile jusque dans les âmes les plus généreuses.

» On dit que je prétends me faire décerner un pouvoir

sans limite. Plût à Dieu qu'on n'eût pas accordé si légèrement ce pouvoir à ceux qui, dans les jours d'orage, se sont présentés sous le nom de sauveurs ! Nous n'aurions pas la douleur de gémir aujourd'hui sur les maux de la patrie.

» Ce que je demande, vous le savez, c'est de travailler à la régénération du pays ; c'est de donner l'essor à toutes ses aspirations légitimes ; c'est, à la tête de toute la maison de France, de présider à ses destinées, en soumettant avec confiance les actes du gouvernement au sérieux contrôle de représentants librement élus.

» On dit que la monarchie traditionnelle est incompatible avec l'égalité de tous devant la loi.

» Répétez bien que je n'ignore pas à ce point les leçons de l'histoire et les conditions de la vie des peuples. Comment tolérerais-je des priviléges pour d'autres, moi qui ne demande que celui de consacrer tous les instants de ma vie à la sécurité et au bonheur de la France, et d'être toujours à la peine avant d'être avec elle à l'honneur !

» On dit que l'indépendance de la papauté m'est chère et que je suis résolu à lui obtenir d'efficaces garanties. On dit vrai.

» La liberté de l'Eglise est la première condition de la paix des esprits et de l'ordre dans le monde. Protéger le saint-siége fut toujours l'honneur de notre patrie et la cause la plus incontestable de sa grandeur parmi les nations. Ce n'est qu'aux époques de ses plus grands malheurs que la France a abandonné ce glorieux patronage.

» Croyez-le bien, je serai appelé non-seulement parce

que je suis le droit, mais parce que je suis l'ordre, parce que je suis la réforme, parce que je suis le fondé de pouvoir nécessaire pour remettre en sa place ce qui n'y est pas, et gouverner avec la justice et les lois, dans le but de réparer les maux du passé et de préparer enfin un avenir.

» On se dira que j'ai la vieille épée de la France dans la main, et dans la poitrine ce cœur de Roi et de père qui n'a point de parti.

» Je ne suis point un parti, et je ne veux pas revenir pour régner par un parti. Je n'ai ni injures à venger, ni ennemis à écarter, ni fortune à refaire, sauf celle de la France, et je puis choisir parmi les ouvriers qui voudront loyalement s'associer à ce grand ouvrage.

» Je ne ramène que la religion, la concorde et la paix. Je ne veux exercer de dictature que celle de la clémence, parce que, dans mes mains seulement, la clémence est encore la justice.

» Voilà, mon cher ami, pourquoi je ne désespère pas de mon pays et pourquoi je ne recule pas devant l'immensité de la tâche.

» La parole est à la France, et l'heure à Dieu.

» 9 mai 1871.　　　　　　　　　　HENRI. »

Quel magnifique langage ! quelle élévation dans les pensées ! quelle force, quelle beauté dans les expressions ! quelle noblesse dans les sentiments ! Ah ! ce sont bien là les paroles d'un homme de cœur, d'un homme qui aime son pays plus que lui-même, qui voit, qui cherche le bonheur de la patrie plutôt que le sien propre, et qui est bien résolu à se dévouer, à se sacrifier pour la France, à lui donner les institutions dont elle a besoin, les libertés qu'elle réclame.

Où trouver tant de simplicité unic à tant de grandeur, tant de franchise et tant de droiture dans l'exposition de tant et de si hautes vérités ?

Ne pouvons-nous pas dire de ce prince admirable ce que les Juifs disaient de Notre Seigneur : *Jamais homme n'a parlé comme cet homme !*

Eh bien ! ces belles paroles seront-elles sans fruits ? Cette douce invitation sera-t-elle méconnue, cet appel généreux et bienveillant repoussé ?

Non ! non ! La France a de l'intelligence. Elle a compris, elle sait où est le salut pour elle. Elle a du cœur, son cœur l'amènera aux pieds de son Roi. Elle répondra à tant d'affection et de dévouement en se jetant dans ses bras pour y trouver enfin le repos, la prospérité, le bonheur, qu'elle n'a pu trouver ailleurs.

Alors l'union sera faite, union féconde en fruits merveilleux de paix et de félicité, union indissoluble, éternelle. O mon Dieu, accomplissez cette merveille ! O mon Dieu, hâtez cet heureux temps !

Le voici ! C'est demain ! *Amen !*

RÉFUTATION DE QUELQUES FAUX PRÉJUGÉS.

La révolution, habile dans l'art de mentir et de tromper, s'est servie adroitement de son arme favorite pour
assurer sa domination et perpétuer son règne. A cet
effet, elle a depuis longtemps redit sur tous les tons,
par la voix de ses adeptes, par les mille voix de la presse,
que la légitimité, c'était le despotisme ; qu'elle ne pouvait revenir sans ramener avec elle l'ancien régime et
les priviléges! Et ces mensonges, cent et cent fois répétés, ont fait leur chemin. Mille idées fausses ont ainsi
pénétré dans l'esprit des masses, qui en restent imbues,
malgré les preuves et les affirmations contraires. Le
peuple est bon ; mais plus il est bon, plus il est crédule,
et moins il se défie, surtout de ceux qui le flattent. Les
méchants, qui connaissent ses généreux instincts, en
ont abusé indignement. Par de feintes promesses, de
fausses marques d'intérêt, ils ont captivé sa confiance ;
puis, après l'avoir éloigné de la source de la paix et de
la prospérité, ils l'ont égaré et entraîné dans de mal-
heureuses voies. Pourquoi ? Pour pouvoir s'en emparer
et l'exploiter à leur profit. Si la France a été si longtemps retenue loin des principes sauveurs de la société,

si elle a tant tardé à revenir au droit et à se jeter dans les bras de Henri V, de ce prince destiné à finir ses malheurs et à la rendre heureuse, la cause n'en est-elle pas là ?

Eh bien ! le temps des mensonges est passé. Détruisons la ruse et l'hypocrisie, démasquons ces faussaires, déracinons à jamais ces faux préjugés.

J'en appelle ici à ton bon sens, à ta raison, peuple français ! Ecoute : ils te disaient, ces fauteurs de révolutions, ces artisans de désordres, que Henri V ne pouvait revenir qu'en ramenant l'ancien régime et les priviléges. Ah ! ils savaient bien qu'ils te trompaient ; mais ils voulaient, en t'éloignant de lui, te retenir entre leurs mains cruelles pour te déchirer comme le vautour déchire sa proie et pour s'engraisser de ta substance. Tu les a vus à l'œuvre. Les blessures qu'ils t'ont faites ne sont-elles pas saignantes encore ? Et tes larmes sont-elles toutes essuyées ? Ouvre donc enfin les yeux, regarde aujourd'hui ; tu apprendras ce que valent leurs paroles, tu reconnaîtras leur ruse et leur malice. Ne vois-tu pas déjà comme ce prince, qu'ils te dépeignaient sous les plus noires couleurs, comprend son temps, son pays, les idées du jour, le progrès ? Son premier sourire n'est-il pas un sourire de grâce et d'amour ; son premier mot, un mot de douceur et de liberté ?

Ne vois-tu pas comme ce Roi au cœur de père embrasse maintenant tous ses sujets, tous ses enfants, avec la même tendresse ; comme il parle à tous avec la même bonté, la même affection ; comme il donne à tous le même accès auprès de lui, la même confiance, les mêmes faveurs ?

Ah ! tu sauras bientôt mieux encore comment, sous

son règne paternel et béni, à la faveur des plus sages institutions, chacun va respirer l'air si doux de cette liberté, depuis si longtemps exilée de la France et qui ne pouvait y revenir qu'avec lui. Tu verras comme tout va rentrer dans l'ordre et la paix, comme tout va marcher avec sécurité et douceur dans les voies du véritable progrès ! Car il a tout appris dans l'exil, ce prince intelligent et généreux ! Il a appris surtout à aimer la France, à se dévouer pour elle et à la traiter comme elle mérite de l'être, avec honneur, justice et bonté.

L'ancien régime ! les priviléges ! Ce ne sont là que des fantômes que les ennemis du bien public dressent devant tes yeux pour t'effrayer et pour t'éloigner de cette dynastie des Bourbons, de ces princes qui seuls ont fait ta gloire dans le passé et qui seuls peuvent faire ta gloire et ton bonheur à l'avenir !

Les malheureux ! ils voulaient, par ce moyen inique, je le répète dans mon indignation, te retenir dans leurs chaînes et, au nom de la liberté, t'imposer le plus dur esclavage. Rappelle-toi comme ils t'ont traitée, et tu verras que tu n'as jamais eu de plus cruels ennemis, que tu as été bien aveugle de les croire, et que tu serais bien malheureuse et bien coupable de les croire encore. D'ailleurs, consulte ton histoire.

L'ancien régime ! les priviléges ! Qui est-ce qui a cherché à les abolir ? L'aurais-tu oublié, peuple français ? N'est-ce pas Louis XVI ? N'est-ce pas lui qui, en 1789, a voulu inaugurer le régime nouveau ? Et ce bienfait n'a été payé que par l'ingratitude. A la Restauration, Louis XVIII, Charles X, n'ont-ils pas continué, affermi, perfectionné, le régime nouveau ? N'ont-ils pas donné plus de liberté et de prospérité à la France que tous ceux qui sont venus, avant et après eux, s'imposer à toi? Ont-ils cherché à rétablir les priviléges? N'ont-ils pas, au contraire, remis les personnes et les choses sur le pied de la plus parfaite égalité? Et s'il y a eu parfois quelques égards ou une espèce de préférence, n'était-ce pas en faveur de leurs anciens adversaires plutôt que pour leurs partisans?

Henri V fera-t-il autrement, fera-t-il moins? Qui oserait le dire quand tout prouve, au contraire, qu'il fera mille fois mieux, mille fois plus? N'est-il pas le représentant du régime nouveau, l'homme du vrai progrès, l'ami de la liberté?

Il est tellement connu comme tel qu'il devient inutile de citer ses paroles; cependant, Français, écoutez : « Partout et toujours, dit-il, je me suis montré acces-
» sible à tous les Français, sans distinction de classes
» et de conditions. Comment, après cela, pourrait-on me
» soupçonner encore de ne vouloir être que le Roi d'une
» caste privilégiée, le Roi de l'ancien régime, de l'an-
» cienne noblesse, de l'ancienne cour? J'ai toujours cru
» que la cour ne peut plus être ce qu'elle était autrefois.

» J'ai toujours cru également qu'il faut que toutes les
» forces du pays, toutes les classes de la nation, s'unis-
» sent pour travailler de concert au salut commun ;
» que toutes y apportent le concours de leur zèle et de
» leur active coopération; que toutes y prennent leur
» part de responsabilité, afin d'aider loyalement et effi-
» cacement le pouvoir à fonder un gouvernement qui
» ait tous les moyens de remplir sa haute mission et
» qui soit durable.

» J'appelle tous les dévouements, tous les esprits éclai-
» rés, toutes les âmes généreuses, tous les cœurs droits,

» dans quelque rang qu'ils se trouvent et sous quel-
» que drapeau qu'ils aient servi jusqu'ici, à me prêter
» l'appui de leurs lumières, de leur bonne volonté, de
» leurs nobles et unanimes efforts pour sauver le pays,
» assurer son avenir et lui préparer, après tant d'épreu-
» ves, de vicissitudes et de malheurs, de nouveaux jours
» de gloire et de prospérité (1). »

Eh bien ! vous l'avez entendu.... Vous connaissez maintenant son esprit et son cœur. Vous le voyez : point d'exclusion, point de préférence pour personne ; mais appel à tous pour le salut de tous, participation de tous à la chose commune, au maniement des affaires, au gouvernement ; voilà sa règle, voilà son plan. Il est donc bien l'homme de son époque, l'homme de son temps ; il vient bien réellement appliquer le régime nouveau et inaugurer l'ère du véritable progrès, de la vraie liberté. Cessez donc de craindre et de trembler à ce mot de priviléges.

Les priviléges ! *Ce mot n'a plus de sens aujourd'hui.*

Les priviléges ! Mais qui les redemande ? Qui même en voudrait dans les temps actuels ?

— Les nobles, direz-vous.

— Les nobles ! Oh ! non. Leur esprit et leur cœur nous en sont de sûrs garants. Ils connaissent leur époque mieux que tous autres, et ils sont les premiers à se conformer aux mœurs du temps. Et puis, ils leur ont coûté assez de sang et de larmes pour qu'ils les aient répudiés à jamais. Ils ont accepté, ils ont embrassé le droit commun comme un bienfait ; car il vaut réellement mieux pour eux que le droit privilégié. Ils en recueillent plus

---

(1) Lettre à M. le duc de Noailles, 22 décembre 1850.

de tranquillité, plus de sécurité, plus de vraie grandeur. Ils y trouvent plus de respect, plus d'affection de la part des classes inférieures, et plus de richesse, plus d'aisance, plus de bonheur pour eux-mêmes. Car, ce qu'on oublie trop aujourd'hui, c'est que, dans le régime des priviléges, tout n'était pas faveur et avantage. A côté des droits, il y avait les devoirs et les obligations, et si les nobles alors avaient les priviléges de la société, ils en avaient aussi les charges, et notre énorme budget, qui maintenant ne peut jamais s'équilibrer, devrait nous faire comprendre que les charges l'emportaient souvent sur les avantages.

Les nobles n'ambitionnent plus qu'un seul privilége, celui de mieux servir la patrie, de mieux aimer les pauvres et de faire plus de bien, et, tant prévenu soit-on, on est forcé d'avouer à leur honneur que de ce privilége ils usent largement. Quand il s'agit de dévouement, de patriotisme, d'héroïsme, vous les trouvez toujours les premiers. Parcourez nos champs de bataille : vous y trouverez leur nom écrit avec leur sang. La dernière guerre en est une preuve frappante. En fait de charité, de générosité, vous les trouverez encore et toujours au premier rang. On peut en citer mille et mille traits. Parcourez les villes de France et d'ailleurs, entrez dans les hôpitaux, dans les maisons de refuge, d'éducation, dans les mille asiles élevés pour soulager tous les genres de misères ; demandez les noms des fondateurs ou des bienfaiteurs. Pour réponse, on vous citera presque toujours de ces beaux noms, de ces grands noms qui sont entourés de l'auréole de la noblesse comme de la vertu. Demandez aux pauvres, aux nécessiteux, les noms de ceux qui les nourrissent, qui les vêtent, qui

leur donnent le plus abondamment et avec le plus de
bonté. Demandez aux malades, aux affligés, les noms de
ceux qui les visitent, qui les consolent, qui les soulagent.

Mêmes noms, même réponse.

Demandez encore aux petits, aux hommes du bas
peuple, quels sont ceux qui s'inclinent plus facilement
vers eux, qui s'abaissent jusqu'à eux, qui sont bons,
doux, bienveillants pour eux.

Toujours même réponse.

Dans les calamités, dans les désastres publics, d'où
viennent les premières et les plus abondantes ressources ?

N'est-ce pas de ces nobles familles où la grandeur du
rang est encore rehaussée par la grandeur de la vertu ?

Ils sont donc bien réellement les soutiens, les bienfaiteurs des pauvres et des malheureux, les vrais amis
du peuple, ces nobles tant redoutés, tant calomniés !
Reconnais-le du moins aujourd'hui, peuple français, et,
aux sentiments de défiance et de crainte, fais succéder
dans ton cœur des sentiments de confiance, de reconnaissance et d'amour.

— Les prêtres, direz-vous encore.

— Les prêtres ! mais le penser est un crime, le dire
est une injure et un blasphème. Consulte les faits, interroge ta conscience et ta raison, et après cela, dis-moi,
peuple français, quel privilége réclame aujourd'hui le
clergé, si ce n'est celui de mourir pour Dieu et pour le
peuple, de se dévouer, de se sacrifier partout, toujours,
pour tous... ? Sans compter tous ces jeunes héros qui,
quittant parents, amis, patrie, fortune, s'en vont, nouveaux apôtres, porter le flambeau de la foi dans les régions lointaines, sous des climats meurtriers, parmi des

peuples barbares, et qui là se consument dans des travaux surhumains, souffrent mille privations, mille douleurs, et puis enfin succombent à la peine ou meurent de la main du bourreau dans les plus cruels supplices, n'y en a-t-il pas mille autres qui montrent un héroïsme moins éclatant sans doute, mais non moins réel et sublime?

Regarde ce qui se passe dans la paroisse la plus reculée, la plus ignorée de la France, tu verras si la vie du prêtre n'est pas une vie de charité et de dévouement, s'il ne s'oublie pas pour penser aux autres, s'il ne sacrifie pas son temps, son repos, ses modiques ressources, pour pourvoir aux besoins de tous, pour porter secours et consolation à tous, si, en un mot, comme le bon pasteur, il ne donne pas joyeusement sa vie pour ses brebis.

Dans les fléaux, dans les maladies contagieuses ou pestilentielles, quel est celui qui se dévoue, qui se sacrifie mieux que le prêtre? En voit-on qui fuient devant le péril, qui désertent le champ du combat, le poste de l'honneur? N'en voit-on pas toujours, au contraire, accourir de toutes parts pour partager les travaux de leurs confrères, souriant au danger, bravant la mort, ne craignant qu'une chose, celle de ne pas arracher au trépas autant de victimes que leur cœur désire, et s'offrant eux-mêmes en victimes pour apaiser Dieu et arrêter les ravages du fléau destructeur?

Ainsi donc, les preuves en sont partout, le prêtre ne demande rien, ne veut rien, ne cherche rien pour lui. Ce qu'il veut uniquement, c'est que Dieu soit aimé et servi et que le peuple soit heureux.

Ne sais-tu pas d'ailleurs que le prêtre est un des tiens, qu'il sort de tes rangs, qu'il a pour berceau la chaumière, qu'il est par conséquent tout à toi, tout dévoué à tes intérêts? Et si sa naissance ne suffisait pas pour lui inspirer ces sentiments, la religion dont il est le ministre ne serait-elle pas assez puissante sur son cœur pour en faire le défenseur des petits, le soutien des faibles, le consolateur des malheureux, le père des pauvres, l'ami de tous? Enfin, ne l'as-tu pas éprouvé cent fois, où trouves-tu aide, appui, secours, consolation, espérance? N'est-ce pas dans le prêtre? T'a-t-il jamais fermé son cœur? T'a-t-il jamais retiré sa main qui donne et bénit? Qui a essuyé tes larmes, pansé tes blessures, guéri tes douleurs, rassasié ta faim, couvert ta nudité, réchauffé tes membres glacés?.... N'est-ce pas le prêtre?

Le prêtre! ah! c'est un bienfaiteur sûr et dévoué, c'est un médiateur assuré et puissant. Car, de même qu'il rapproche Dieu de l'homme et le ciel de la terre, ainsi il rapproche les grands des petits, les heureux des malheureux, les riches des pauvres. Il fait, par sa céleste influence, fleurir et fructifier la charité, car c'est à sa voix que le bien se fait, que les aumônes se multiplient et que les secours abondent là où abonde la misère.

A tous les besoins nouveaux il trouve des ressources nouvelles. Mendiant volontaire, il demande humblement au nom de Jésus-Christ pour soulager ses membres souffrants. Il va frapper à la porte des grands, à la porte surtout de ces cœurs nobles et généreux qui donnent toujours, parce que la foi et avec elle la charité vit en eux, pour en rapporter et distribuer les bienfaits partout où le besoin se fait sentir. Oui, j'aime à le dire ici à sa gloire, la noblesse a conservé vivante et forte la foi; elle en porte hautement le drapeau, et si son flambeau sacré semble s'éteindre dans les rangs inférieurs de la société, il se rallume et brille d'un nouvel éclat dans les rangs supérieurs. Si cette fille du ciel déserte en soupirant la chaumière, elle se réfugie joyeuse dans les châteaux ; car où la religion aujourd'hui est-elle le mieux connue, aimée, pratiquée ? N'est-ce pas en général parmi la noblesse ? Où cette religion sainte produit-elle les fruits les plus abondants, les œuvres les plus sublimes ? N'est-ce pas encore parmi la noblesse ?

Eh bien ! c'est là ce qui la rend chère au cœur du prêtre, qui aime toujours ceux qui aiment Dieu, qui respecte, estime et honore ceux qui donnent l'exemple des vertus chrétiennes, de la piété, de la charité, de la fidélité, du dévouement. Ne sait-il pas d'ailleurs qu'il trouve toujours en elle tout ce dont il a besoin pour son église, pour ses pauvres, pour toutes ses œuvres pieuses et charitables ? Aussi les rapports qu'il entretient avec elle sont doux et salutaires comme la religion qui les a formés : ils sont le fruit d'un mutuel respect, d'une mutuelle estime, d'une confiance réciproque, et n'ont pour but que les œuvres saintes de la piété et de la charité, le soulagement des indigents et des malheureux, la consolation des affligés et le bien-être de tous. Il n'y a point là ce que les méchants ont affecté d'y voir et ce que les simples ont cru, l'esprit de parti ; il n'y a que l'esprit de Dieu. Il n'y a donc rien contre toi, mais au contraire tout y est pour toi, tout est en ta faveur, peuple français. Reconnais donc enfin où sont tes vrais amis, tes vrais bienfaiteurs. Approche d'eux non plus avec crainte, mais avec confiance et amour. Oui, désormais aime et bénis ces cœurs nobles et pieux qui t'aiment, parce que Dieu leur a dit que tu es leur frère et que la religion leur recommande de t'aimer ; qui, du haut de leur grandeur, s'abaissent jusqu'à toi pour pourvoir à tes besoins, et qui te redonnent avec tant de largesse et de bonté les biens que Dieu leur a départis. Aime aussi le clergé, baise amoureusement la main du prêtre, qui va puiser aux trésors de Dieu et aux trésors des riches pour apporter du soulagement à ta misère et du baume à tes douleurs, pour t'offrir une parcelle des biens du temps et pour t'enrichir des biens immuables de l'éternité. Oui, j'aime à te le redire, oui, crois-le bien, les nobles et les prêtres, voilà tes meilleurs amis. Que dès lors un doux lien, formé par la main de Dieu, le lien du respect, de la reconnaissance, de l'affection, t'unisse à eux pour jamais. Que la première place dans ton cœur après Dieu soit pour le Roi, et la seconde pour eux ; et que, dès maintenant et pour toujours, Roi et peuple, grands et petits, nobles et paysans, pauvres et riches, prêtres et fidèles, ne forment plus qu'un en Dieu. Cette douce union, approuvée et bénie du Ciel, sera pour toi le meilleur de tous les biens. Source de paix pour le présent, elle sera le gage certain de la sécurité, de la prospérité et du bonheur pour l'avenir. Elle fera de toi la famille heureuse, la famille chérie du Seigneur sur cette terre, et te donnera l'assurance de former un jour l'assemblée des saints, la famille des élus dans le ciel.

CONCLUSION.

Grâces soient rendues à Dieu ! Il a sauvé la France ; il l'a arrachée aux mains cruelles et sanglantes de la révolution ; il a cicatrisé ses plaies et lui a rendu la vie…. Il a tout pardonné, tout relevé, tout réparé. Il a rétabli pour elle le droit sauveur des nations, il lui a redonné son Roi légitime, et, par lui, il va lui rendre son ancienne splendeur, sa première beauté, et elle brillera entre les nations comme le lis parmi les épines, comme la lune parmi les étoiles, comme le soleil au milieu des astres.

Du haut du ciel, il sourit avec amour à cette fille aînée de son Eglise. Il veut la rendre digne d'une telle mère, et pour cela il la bénit avec tendresse, et ses bénédictions, son amour, ses bienfaits, reposeront sur elle à jamais.

Peuple français, sèche tes larmes, oublie tes douleurs. Tes maux sont passés, ta félicité commence pour ne plus finir. La révolution est vaincue, tes ennemis sont anéantis et ne reparaîtront plus. Reprends tes chants de joie, revêts-toi des vêtements de ta gloire. L'astre de l'espérance et du bonheur s'est levé sur ta tête ; des jours beaux et sereins brilleront à jamais pour toi. Tu as retrouvé la source de tout bien, le principe du salut.

Mais à qui dois-tu ces bienfaits? N'est-ce pas, après Dieu, à cette antique race royale à qui tu reviens comme elle revient à toi, à cette famille chérie des Bourbons qui t'a donné tant de jours, tant d'années, tant de siècles de prospérité et de grandeur? A cette famille dont tous les membres sont maintenant unis par les liens indissolubles d'un mutuel respect, d'une mutuelle estime, d'une mutuelle affection : unis pour t'aimer, pour te servir et te conduire à tes hautes destinées! N'est-ce pas surtout à ce bon prince que le ciel t'envoie et que ton amour appelle, à Henri Dieudonné? Tu n'as dit qu'un mot : il a entendu le cri de ton cœur, il a compris ta détresse, il a vu tes besoins, et, prompt comme un père qui vole au secours de ses enfants, il est venu t'arracher au malheur, te rendre tous les biens que tu avais perdus, te donner la paix, la prospérité, le bonheur.... Le voilà! regarde, il te sourit en t'ouvrant ses bras ; contemple ses traits si doux, enivre-toi de son sourire, jouis de sa présence, il est au milieu de toi, il est à toi : *Rex graditur antè vos ;* au milieu de toi, ainsi que tous les princes de sa famille, qui ne forment plus qu'un avec lui, qui te sourient du même amour, qui, comme lui, vont travailler à ta félicité et à ta gloire et se dévouer pour toi! Il t'apporte, il t'offre avec bonheur son intelligence pour t'éclairer, sa sagesse pour te diriger, son bras pour te défendre, son cœur pour t'aimer.

Ah! sache aimer à ton tour, presse-toi à ses côtés, serre tes rangs autour de sa personne sacrée, repose-toi dans ses bras, et que le lien du respect et de l'amour t'enchaîne à lui à jamais!

Ah! je t'en conjure par tes plus chers intérêts, ne quitte pas, ne perds pas de nouveau ce que tu possèdes maintenant. C'est le plus grand, mais c'est peut-être le dernier des dons de Dieu. Si tu le délaissés, Dieu te délaissera à son tour et te livrera à des châtiments plus rudes que jamais. Tout t'invite, tout t'oblige à la fidélité : le passé à réparer, le présent à maintenir, l'avenir à assurer, puis ce que tu dois à ton Roi légitime, ce que tu te dois à toi-même, tout te crie : Peuple français, sois fidèle, fidèle toujours : *Esto fidelis usque ad mortem !*

Et vous, prince, qui venez à nous avec tant de tendresse, soyez béni pour tout l'amour que vous nous apportez et pour tout le bien que vous voulez nous faire, béni de la terre, béni des cieux, béni maintenant, béni toujours! Que toutes les voix vous acclament, que tous les bras vous soient ouverts, que tous les cœurs vous aiment, que tous vos sujets soient dociles et fidèles et rendent par là votre tâche douce et facile! Que Dieu soit avec vous, qu'il accompagne tous vos pas, qu'il vous aide et dirige en toutes choses, qu'il bénisse toutes vos actions, qu'il rende heureuses toutes vos entreprises, qu'il fasse réussir tous vos desseins! Qu'il vous donne la force de David, la sagesse de Salomon et toutes les vertus de saint Louis! Qu'il vous donne un règne prospère et glorieux! Qu'il vous accorde une vie douce et tran-

quille! Oui, Sire, vivez de longs et d'heureux jours!
Vivez, régnez par vous et vos descendants éternellement
parmi nous! *Rex, in æternum vive!* C'est là le cri d'une
âme fidèle, le vœu d'un cœur dévoué. Que Dieu
l'exauce!

BESANÇON, IMPRIM. DE J. JACQUIN.